# Neufundländer und Landseer

Monika Raitz

# Neufundländer und Landseer

## Auswahl · Aufzucht · Erziehung · Pflege

FALKEN

# Inhaltsverzeichnis

# Vorwort

Ziel dieses Buches ist es, dem unerfahrenen Neufundländer- und Landseerinteressenten eine erste grobe Orientierung über Charakter, Wesen und Haltung eines solch großen und schweren Hundes zu geben.
Neben der Darstellung positiver Aspekte bleiben auch eventuell auftretende Probleme nicht unerwähnt, denn das Buch soll zur verantwortungsbewußten Entscheidung für oder auch gegen einen Vertreter der jeweiligen Rasse beitragen.

Neufundländer und Landseer sind kraftvolle, besonders menschenfreundliche und treue Hunde, die eine Haltung verdienen, bei der sie diese Eigenschaften entfalten können. In dieses Buch sind zahlreiche praktische Erfahrungen besonders auf dem Gebiet der Sozialisation und Erziehung eingegangen. Für differenziertere Darstellungen beider Rassen sei auf die sehr umfangreichen Literaturempfehlungen im Anhang verwiesen.

# Der Ursprung der Rassen

## Der Neufundländer

Der genaue Ursprung beider Rassen konnte bis heute noch nicht zweifelsfrei geklärt werden. Einige amerikanische Autoren schreiben dem Neufundländer eine amerikanisch-kanadische Herkunft zu. Ein großer, dunkler Hund, der vom amerikanischen Wolf abstammte, soll den Algonquin- und Beothukindianern als Zugtier gedient haben. Aus ihm könnte sich der Neufundländer entwickelt haben. Andere Wissenschaftler vermuten Einflüsse von Hunden der Wikinger. Bedenkt man ferner, daß die fischreichen Gewässer um die Insel Neufundland Anlaufstelle für Schiffe aus Portugal, Frankreich, Spanien und England waren, so ist es auch möglich, daß auf diesen Schiffen mitgebrachte mastiffartige Hunde durch Vermischung mit den einheimischen Hunden zur Entstehung des Neufundländers beigetragen haben. Eine Rassehundezucht im heutigen Sinne, also die bewußt geplante Verpaarung von Hunden nach einem Rassestandard, gab es damals natürlich noch nicht. Hunde wurden nach ihren Arbeitsleistungen verpaart, ihr Aussehen war sekundär.

Die Hunde, die die europäischen Seeleute auf Neufundland antrafen, wiesen hervorragende Wasserarbeitseigenschaften auf. „Auf Neufundland lebten die Hunde fast nur an den Küsten und meistens im Wasser und in den Schiffen. Nicht selten traf man dort einzelne Hunde oder mehrere miteinander schwimmend im offenen Meere. Auf den Schiffen wittern sie das Land, das noch nicht in Sicht ist, auf zehn englische Meilen (16 km) Entfernung und zeigen es durch anhaltendes Bellen nach der Richtung an … Zur Zeit des Fischfangs helfen sie eifrig mit. Wenn die großen … Netze … ausgelegt worden waren und nun ans Land gezogen werden müssen, sendet man die Hunde aus, um die (an den Netzen befestigten) Schwimmer zu fassen und die Netze an denselben schwimmend bis ans Land zu ziehen.“ (Prof. Heim, Der Neufundlandhund, s. Anhang S. 93).

## Der Landseer

Kolorierte Radierung nach dem Gemälde des englischen Hofmalers Sir Edwin Landseer von 1838: "A distinguished member of the human society"

An der Entstehung der Landseer-Rasse sollen große, weiß-schwarz gescheckte Hunde aus England beteiligt gewesen sein. Diese sogenannten Fleischerhunde kamen vor ca. 400 Jahren mit englischen Fischern nach Neufundland, wo sie sich mit den einheimischen Hunden vermischt haben sollen. Das Ergebnis waren meist gescheckte Hunde von größerer Statur als der ursprünglich in Neufundland lebende, überwiegend einfarbige Hundetyp. Sie besaßen ebenfalls erstaunliche Wasserarbeitseigenschaften und wurden allesamt nach ihrer Herkunft als „Newfoundland Dog“ bezeichnet.

Zwischen 1650 und 1850 war der „Newfoundland Dog“ in England ein großer, schwarz oder braun gescheckter Hund mit weißer Grundfarbe, der in der ersten Hälfte des 19. Jahrhunderts in Adelskreisen sehr beliebt war. Die Bezeichnung „Landseer“ geht auf den englischen Tiermaler Sir Edwin Landseer zurück, der diese imposanten Hunde immer wieder als Motiv wählte.

Nach 1850/1860 wurde dann auch vermehrt der kleinere, schwarze Newfoundland Dog nach England importiert und dort als reine Rasse gezüchtet. Der Landseer drohte in Vergessenheit zu geraten. Ersten züchterischen Initiativen nach dem Ersten Weltkrieg ist es zu verdanken, daß er in Deutschland, Österreich und der Schweiz als Rasse überlebte. Seit 1960 wird der Landseer als eigenständige Rasse unter der Bezeichnung „Landseer – kontinental-europäischer Typ“ geführt.

In den USA, Kanada und England ist der „Landseer-Newfoundland“ allerdings keine eigenständige Rasse, sondern eine Farbvariante des schwarzen Neufundländers mit dem typischen Neufundländerkörperbau.

# Neufundländer und Landseer im Vergleich

## Wesen und typische Verhaltensweisen

Unter dem Begriff „Wesen“ versteht man das typische Verhalten eines Hundeindividuums, das entsteht, wenn die genetische Disposition (Anlage) in Wechselwirkung mit vielfältigen Umwelteinflüssen tritt, denen der Hund von seiner Geburt an ausgesetzt ist.
Manchmal wird dieser Begriff auch verallgemeinernd auf alle Vertreter einer Rasse angewendet und meint dann typische Verhaltensweisen, wie sie dem überwiegenden Teil dieser Rasse eigen sind.
Ursprung und Entwicklung haben dazu geführt, daß beide Rassen kräftige Hunde sind, die selbständig handeln können und auch dazu neigen, wenn man sie läßt. Man darf von ihnen keineswegs die Unterordnungsbereitschaft erwarten, wie sie die klassischen Gebrauchshunderassen, allen voran der Deutsche Schäferhund, zeigen!

**Wichtig:** Beide Rassen bedürfen einer konsequenten Erziehung vom ersten Tag an!

Sie sind ihrem Menschen gegenüber äußerst anhänglich und liebevoll. Sie sind so schmusebedürftig wie Schoßhunde, und Streicheleinheiten fordern sie durch einen kräftigen Schlag mit der Pfote oder einen Stups mit der Schnauze energisch ein. Fremden gegenüber sind sie von neugieriger Freundlichkeit.

### Neufundländer, Landseer und Kinder

Beide Rassen weisen eine hohe Reizschwelle auf, das heißt, sie bewahren auch bei intensiven Umweltreizen sehr lange Gelassenheit. Diese Gelassenheit prädestiniert sie auch für das Zusammenleben mit Kindern. Selbst Hunde, die nicht gewohnt sind, mit Kindern zu leben, bleiben freundlich und duldsam, vor allem, wenn sie schon beim Züchter gut auf Kinder geprägt wurden.

Beide Rassen sind ideal für den Umgang mit Kindern geeignet

Viele lassen sich geduldig beim Spielen ausstaffieren, andere übernehmen gern die Rolle des wachsamen Kindermädchens und dies alles, um ihren menschlichen Gefährten zu gefallen. Sollten die lieben Kleinen ihren Spielkameraden einmal überstrapazieren, so entzieht er sich und sucht sich ein ruhigeres Plätzchen.

## Neufundländer und Landseer als Wächter

Als Wachhunde oder als Schutzhunde eignen sich beide Rassen nur mäßig. Einige Hunde lassen jeden Fremden schwanzwedelnd auf das Grundstück, einige geben zumindest Laut, wenn sich jemand nähert, aber bei guter Bindung an ihren Menschen werden sie diesen auch beschützen. Zudem wirken sie dank ihrer Größe durchaus abschreckend, besonders wenn sie bellen. Hündinnen sind ihren männlichen Artgenossen was die Wachsamkeit anbelangt, oft noch überlegen.

**Wichtig:** Dennoch sollte man weder den Neufundländer noch den Landseer einer Schutzhundausbildung unterziehen! Denn beide Rassen neigen zu selbständigem Handeln und sind von daher für den Schutzdienst völlig ungeeignet. Auch sind sie mit bis zu 70 kg Körpergewicht zu schwer für die Sprünge, die bei der Schutzhundprüfung verlangt werden; Skelett- sowie Bänderschäden könnten dann die Folge sein.

## Unsere Riesen und das Wasser

Neufundländer und Landseer haben eine große Vorliebe für das Wasser und schwimmen leidenschaftlich gern. Wenn der junge Hunde beizeiten spielerisch ans Wasser gewöhnt wurde, wird er seine Anlagen zur Arbeit im Wasser vollauf entwickeln. Viele Hunde schwimmen einfach aus Freude, andere wollen Stöcke, Bälle und andere Gegenstände aus dem Wasser apportieren. Manche lassen sogar Mitglieder „ihrer" Familie nicht ins Wasser aus Besorgnis, es könnte ihnen etwas passieren. Selbst bei Hunden im Alter von wenigen Monaten genügt ein Griff ins Fell, und der Hund zieht automatisch den Schwimmer an Land, wenn auch nicht unbedingt an die Stelle, wo dieser hineingegangen ist. Bemerkenswert ist, daß eine große Zahl von Neufundländern und Landseern dieses Verhalten ohne vorheriges Rettungstraining zeigt.

*Ein Neufundländer in seinem Element!*

Es gibt auch Hunde, die während eines Strandurlaubs die Rolle eines „Bademeisters" spielen, und ständig das Wasser beobachten.

Viele Hunde haben ein sicheres Gespür dafür, wer ein sicherer und wer ein unsicherer Schwimmer ist. Dem unsicheren kann es passieren, daß er nicht weiter als bis zur Taille ins Wasser gelassen wird. Sollte es ihm dennoch gelingen, Schwimmtiefe zu erreichen, wird der Hund ihn begleiten und ihn daran hindern, die Ufernähe zu verlassen.

Die guten Schwimmleistungen von Neufundländern und Landseern beruhen zum großen Teil auf der Beschaffenheit des Haarkleides, das gut durchfettet ist und sich beim Schwimmen mit kleinen Luftpolstern füllt, die für starken Auftrieb sorgen. So befähigt die körperliche wie die charakterliche Ausstattung dieser beiden Hunderassen auf ideale Weise zur Rettungsarbeit im Wasser.

### Neufundländer und Landseer in Haus und Garten

Beide Rassen sind gut in Haus und Garten zu halten, gerade weil sie soviel Ruhe und Gelassenheit ausstrahlen. Das kann sich auf unruhige Menschen durchaus positiv auswirken: Längerer Streichelkontakt kann zu Blutdrucksenkung führen!
Neufundländer sind in der Regel ruhiger als Landseer, trotzdem hat schon mancher seinen Besitzer durch Temperamentsausbrüche eines Besseren belehrt.

**Wichtig:** Beide Rassen vertragen keine Zwingerhaltung!

Die Hunde brauchen den intensiven Kontakt zu ihrer Familie, Zwingerhaltung läßt sie psychisch verkümmern. Wenn der Hund sich viel im Freien aufhält, sollte ihm ein trockener windgeschützter Platz zur Verfügung stehen. Neufundländer und Landseer sind sehr robust in Bezug auf Kälte; je kälter es ist, desto wohler fühlen sie sich. Manche Rassevertreter lassen sich sogar begeistert einschneien! Beide Rassen vertragen einen Knuff und sind nicht wehleidig, wenn sie zum Beispiel von Kindern kräftig an der Rute gezogen werden.
Beide Rassen neigen nicht zum Kläffen und geben nur Laut, wenn es an-

*Im Sommer kommen unsere Riesen schnell ins Schwitzen*

gezeigt ist. Wenn man bemerkt, daß man einen der wenigen bellfreudigen Hunde erwischt hat, bekommt man mit einer konsequenten „Anti-Kläff-Erziehung" das Problem schnell in den Griff.
Eine erhebliche Belastung stellen sehr hohe Sommertemperaturen dar. Schwarze Neufundländer leiden dann mehr unter der Hitze als die überwiegend weißen und nicht so dicht behaarten Landseer, von denen sehr vitale Exemplare ihren schwitzenden Menschen mit einem verblüffenden Bewegungsdrang überraschen. Spaziergänge legt man am besten in die kühleren Morgen- und Abendstunden. Man kann den Hunden die Hitze auch erträglicher machen, indem man sie naß hält, aber das kann beim schwarzen Neufundländer dazu führen, daß das Haar sich durch Sonneneinstrahlung rötlich färbt. Winter und Herbst sind die für die Hunde angenehmsten Jahreszeiten. Sogar bei Minustemperaturen zieht es einige Hunde freiwillig (!) ins Wasser, so daß man als Besitzer Mühe hat, aufgebrachten Spaziergängern zu erklären, daß dies den Hunden nichts ausmacht, wenn sie nach dem Bad Gelegenheit haben, sich wieder trocken zu laufen.

## UNSER TIP

**Auf alle Fälle sollte der Neufundländer-/Landseerbesitzer ein wetterfester Mensch sein, der gerne draußen ist und der kein übertriebenes Sauberkeitsbedürfnis an den Tag legt. Langhaarige Hunde bringen nun einmal Haare und Schmutz ins Haus!**

# Krankheiten

## Die Hüftgelenks-dysplasie (HD)

„Die Hüftgelenksdysplasie (HD) ist eine erblich bedingte Fehlbildung des Hüftgelenks, bei der die Hüftgelenkpfanne und der Oberschenkelkopf in ihrer Form nicht aufeinander abgestimmt sind“ (K. Löffler, Hüftgelenksdysplasie bei Hunden).
Hunde ab HD D1 sind nicht mehr zur Zucht zugelassen.

*Bei der HD passen Gelenkkopf und Gelenkpfanne nicht zusammen*

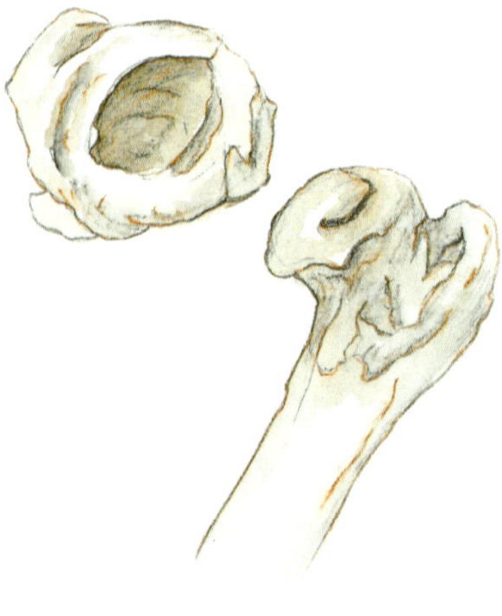

Trotz züchterischer Bemühungen läßt sich diese auch bei Bernhardinern, Leonbergern, Berner Sennenhunden usw. verbreitete Krankheit nur schwer vollständig ausmerzen. Dennoch ist den Rassezuchtvereinen eine deutliche Reduzierung dieser heimtückischen Krankheit gelungen. Stellt der Tierarzt durch Röntgen die Diagnose „mittlere HD“ so bedeutet das für den betroffenen Hund noch kein Todesurteil. Es sind etliche Fälle bekannt, in denen Hunde mit mittlerer HD ein relativ beschwerdefreies Alter von über 10 Jahren erreichen konnten und ihrer Familie Freude machten.

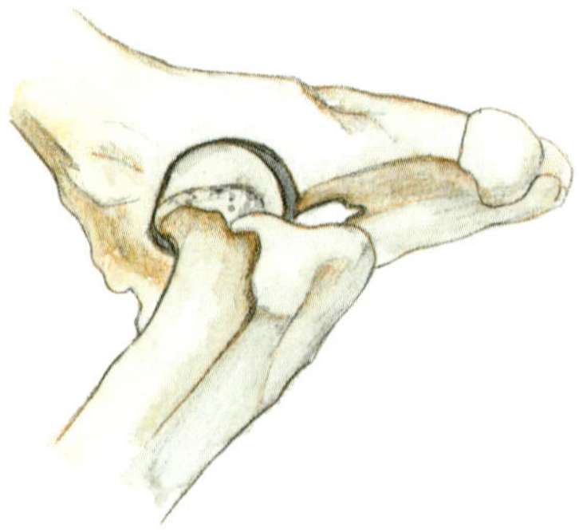

| Die Ausprägungsgrade der Hüftgelenkdysplasie | |
|---|---|
| ◆ HD 0/HD A1, A2 | (keine Anzeichen für HD) |
| ◆ HD 1/HD B1, B2 | (HD-Verdacht) |
| ◆ HD 2/HD C1, C2 | (leichte HD) |
| ◆ HD 3/HD D1, D2 | (mittlere HD) |
| ◆ HD 4/HD E1, E2 | (schwere HD) |

## Weitere Schwachstellen unserer Riesen

### Osteochondritis

Neben der HD können vereinzelt Fälle von Osteochondritis dissecans (OCD) auftreten. Dies ist eine Krankheit des Gelenkknorpels, bei der durch Abtrennung von Knorpelstücken entzündliche Prozesse entstehen können. In diesem Fall ist eine Operation angezeigt. Auch diese Krankheit findet sich zum Beispiel bei Doggen, Molossern, Schäferhunden usw.

### Herzkrankheiten

Auch das Herz kann bei den Riesen zu einem Schwachpunkt werden, da es im Verhältnis zum Gesamtorganismus relativ klein ist.

### Ektropium

Zu schwere Lefzen in Verbindung mit geringer Festigkeit des Bindegewebes können zum Ektropium führen; das bedeutet, das untere Augenlid ist zu lose, und klappt nach außen ab, was zu dem bekannten „melancholischen Bernhardinerblick“ führt, aber leider auch zu chronischen Bindehautentzündungen. Zwar fordern die Rassestandards von Neufundländern und Landseern einen festen Lidschluß, aber die Gene halten sich nicht immer daran.

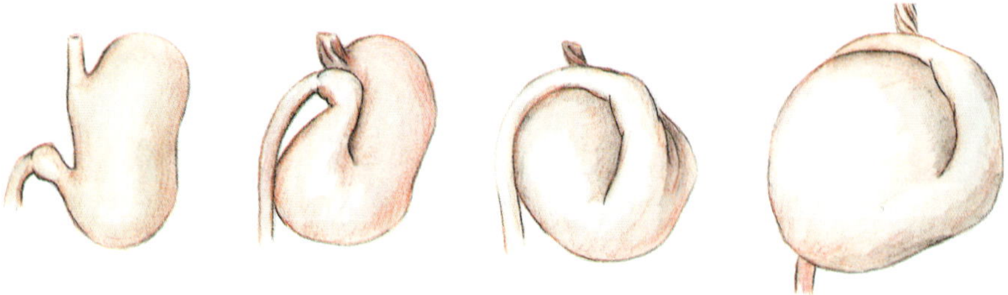

**Magendrehung**

Eine besondere Gefahr geht von der Magendrehung aus. Dabei dreht sich der Magen des Hundes um die eigene Achse, so daß Speisereste nicht in den Darm gelangen können.

Zusätzlich bilden sich durch vermehrtes Luftschlucken Gase im Magen, der sich enorm aufbläht. Schockzustand und Kreislaufschwäche kommen sehr schnell hinzu, so daß der Tierarzt unbedingt sofort eine Notoperation vornehmen muß. Glücklicherweise gehen aber die meisten Hunde relativ gesund durchs Leben. Neufundländer und Landseer neigen nicht zu Wehleidigkeit. Sollte man aber feststellen, daß das Allgemeinbefinden des Hundes gestört ist, dann sollte man der Sache unbedingt nachgehen, denn es steckt meist Ernstes dahinter.

Krankheiten, die für Neufundländer und Landseer typisch wären, gibt es nicht. Die gesundheitlichen Probleme sind die der meisten riesenwüchsigen Rassen!

# Kleine Rasseportraits

## Rassekennzeichen des Neufundländers

**Allgemeine Erscheinung**
Der Neufundländer soll den Eindruck eines großen, starken, dabei jedoch behenden und intelligenten Hundes hervorrufen, der sich leicht und federnd auf seinen Läufen bewegt.

Eine leichte seitliche Schwingung des Rumpfes im Gange ist nicht zu verwerfen.

**Farbe**
Der Neufundländer ist vorherrschend ganz schwarz oder schwarz mit rostbraunem Anflug, seltener auch ganz braun. Dabei sind kleine symmetrische weiße Abzeichen an Brust, Zehen und Rutenspitzen nicht zu beanstanden.

Der Neufundländer ist vorherrschend schwarz, braune Exemplare sieht man seltener. Er hat eine sehr viel gedrungenere und massigere Gestalt als der Landseer. Auch die Behaarung ist dichter und schwerer als die der verwandten Rasse

## Behaarung

Die Behaarung soll mit Ausnahme des Kopfes lang, schlicht und dicht sein, sich hart, fast grob und fettig anfühlen. Diese Beschaffenheit und das sehr dichte Unterhaar erschweren dem Wasser, selbst bei längerem Aufenthalt darin, daß es bis an die Haut herankommt. Das gegen den Strich gebürstete Haar soll von selbst wieder in seine natürliche Lage zurückfallen. Über dem Rücken ist es meistens gescheitelt.

## Kopf

Der Kopf soll breit und massig, das Hinterhauptbein gut entwickelt sein. Es sollte auch ein deutlicher Stirnabsatz vorhanden sein, der jedoch keine scharfe Einbiegung (Stop), wie etwa beim St.-Bernhards-Hund, haben darf. Die Profillinie soll vom Nasenrücken über die Stirn zum Oberkopf nicht senkrecht, sondern etwas schräg aufsteigen. Auch der obere Augenhöhlenrand zeigt keine so starke seitliche Ausladung wie beim St.-Bernhards-Hund. Von vorn gesehen bildet der Umriß der oberen Schädelpartie eine kräftige, oben leicht abgeflachte Bogenlinie. Der Nasenrücken ist entweder gerade oder er zeigt eine leicht gestreckte Ausbiegung nach oben. Die Schnauze soll kurz, auch seitlich nicht zu scharf abgesetzt sein.

## Hals

Der Hals steigt muskulös aus der Schulter-Brust-Partie gegen den Kopf an. Sein Querschnitt soll nicht ganz rund, sondern leicht eiförmig sein. Bei symmetrischem Bau beträgt seine Länge vom Hinterhauptbein bis zum Widerrist ungefähr dreiviertel der Kopflänge vom Hinterhauptbein bis zur Nasenspitze gemessen.

## Rumpf

Der Rumpf soll vom Widerrist bis zum Rutenansatz ungefähr die doppelte Kopflänge haben. Der Rücken ist gerade, von den Schultern bis zur Kruppe sehr breit und kräftig. Zwischen sehr muskulösen Schultern sei die Brust tief und breit, bei entsprechender kräftiger Rippenwölbung des Brustkorbs. Der Bauch ist nur wenig aufgezogen. Zwischen ihm und der muskelstarken Lendenpartie soll eine flache Vertiefung der Flankengegend deutlich sichtbar sein. Die Kruppe ist breit und durch starke Muskelpolster seitlich abgerundet.

Schwacher Rücken, Senkrücken, schlaffe Lendengegend und zu kurze letzte Rippen mit starkem Aufgezogensein des Bauches sind Fehler. Die Behaarung von Brust und Schultergegend sei besonders reichlich.

## Vorderhand

Starke, von der Schultergegend kommende Muskelmassen umlagern den kräftigen, verhältnismäßig langen (typisch für Neufundländer) Oberarmknochen, dem sich unter guter Winkelung die mächtigen Knochen des vollkommen geraden und ebenfalls muskelstarken Laufes anschließen. Die Ellenbogen liegen dem tiefsten

Teil des Brustkorbes gut an, stehen ziemlich tief und sind genau nach rückwärts gerichtet. Der ganze Lauf ist bis zur Pfote dicht befedert.

### Hinterhand

Die Hinterhand soll insgesamt kräftig sein. Die Hinterläufe müssen durchweg frei bewegt werden; sie sollen starke Knochen haben, die von kräftigen Muskeln überlagert werden, so daß besonders die Oberschenkelpartie breit entwickelt ist. Die Hinterläufe sind reich befedert. Kuhhessige Stellung, ebenso Mangel an Winkelung sind Fehler. Afterklauen sind verwerflich und sollen möglichst bald nach der Geburt entfernt werden.

### Knochen der Läufe

Sie sollen durchweg massig sein und zur Gesamtfigur übereinstimmend passen.

### Pfoten

Sie sind groß, breit und gut geformt. Gespreizte und nach außen gedrehte Pfoten sind verwerflich. Die Zehen sollen durch starke Zwischenzehenhäute bis ziemlich dicht zur Zehenspitze verbunden sein.

### Die Rute

Die Rute soll stark und von mäßiger Länge sein, sehr dicht und buschig behaart, jedoch nicht fahnenförmig. Wenn der Hund stillsteht und nicht erregt ist, soll er die Rute abwärts hängend, eventuell am Ende ein wenig gebogen halten. In Bewegung soll er sie gerade ausgestreckt mit einer kleinen Biegung in der Spitze nach oben tragen. Ruten mit einer kleinen Verbiegung oder über dem Rücken geringelt getragen, sind verwerflich.

### Größe und Gewicht

Die Schulterhöhe der meisten Neufundländer-Rüden mißt etwa 68 bis 72 cm bei einem Gewicht zwischen 50 und 62 kg, die der Hündinnen zwischen 62 und 70 cm (Gewicht 50 bis 55 kg). Es entwickeln sich auch größere und kleinere Hunde bei dieser Rasse.

**Anmerkung:** Rüden sollten zwei offensichtlich normal entwickelte Hoden aufweisen, die sich vollständig im Skrotum (Hodensack) befinden.

## Rassekennzeichen des Landseers (kontinentaleuropäischer Typ)

### Allgemeine Erscheinung

Der Landseer soll den Eindruck eines großen, starken, harmonisch gebauten Hundes hervorrufen. Er steht, was speziell den Rüden anbetrifft, auf verhältnismäßig höheren Läufen als der schwarze Neufundländer. Die Bewegungen seiner muskulösen Läufe sollen eine leicht fördernde, geräumige Gangart präsentieren.

### Behaarung und Farbe

Die Behaarung soll mit Ausnahme des Kopfes lang, möglichst schlicht und dicht sein, sich fein anfühlen lassen, durchsetzt mit Unterwolle, diese nicht so dicht wie beim schwarzen Neufundländer. Leicht gewelltes Deckhaar auf dem Rücken und an den Keulen ist nicht zu beanstanden. Das Haar gegen den Strich gebürstet, muß von selbst wieder in die richtige Lage zurückfallen.

Die Grundfarbe des Haares ist ein klares Weiß mit zerrissenen schwarzen Platten auf der Rumpf- und Kruppenpartien. Der Hals, die Vorbrust, der Bauch, die Läufe und die Rute müssen weiß sein. Der Kopf ist schwarz.

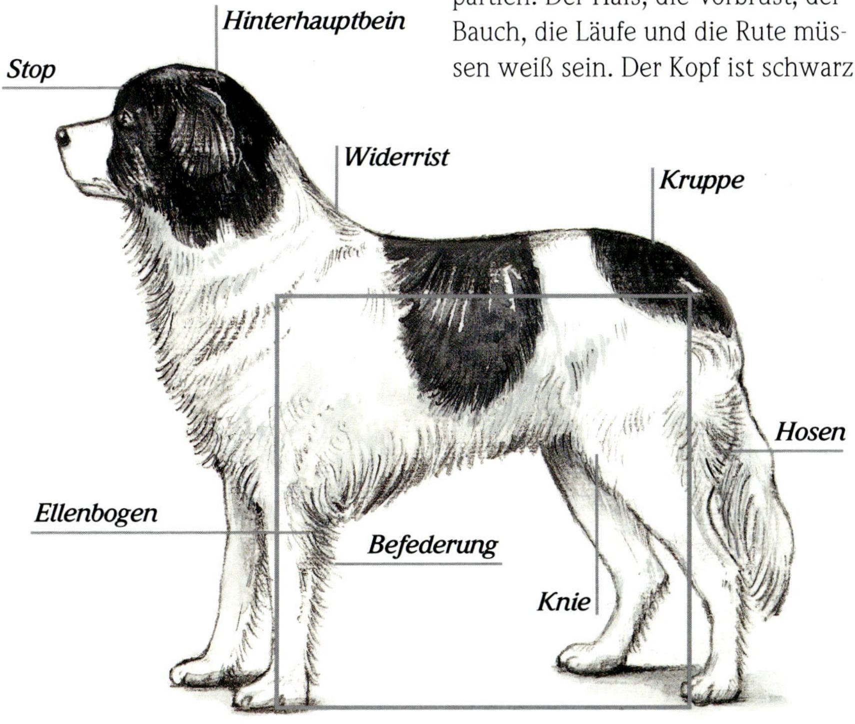

Als Zuchtfestigung gilt eine weiße Schnauzenpartie mit einer weißen, symmetrischen, nicht zu breiten, durchgezogenen Blesse. Noch vorkommende Rußflecken im weißen Grund sind keine Fehler, sollen jedoch herausgezüchet werden.

*Der Landseer ist ein großer, starker, harmonisch gebauter Hund. Sein überwiegend weißes Fell sieht aufgrund der schmutzabweisenden Haarstruktur auch ohne intensive Fellpflege immer sauber und gepflegt aus*

## Kopf

Der Kopf soll breit und massig, das Hinterhauptbein gut entwickelt sein. Es sei ein deutlicher Stirnabsatz vorhanden, jedoch nicht so ausgeprägt und so steil wie beim St. Bernhardshund. Schnauzenlänge = Schnauzentiefe vor dem Stirnabsatz. Lefzen trocken, die oberen die unteren leicht deckend, diese möglichst straff, nicht geifernd. Kopfmodellierung markant geprägt, aber edel im Ausdruck, mit mäßig entwickelten Backen, welche allmählich in die Schnauzenpartie überlaufen. Nasenspiegel und Lefzen schwarz pigmentiert. Scherengebiß, Kopfhaut ohne Falten, kurz und fein behaart.

## Ohren

Mittelgroß, gegen die Augen gelegt, bis zum inneren Augenwinkel reichend, von dreieckiger Form, unten etwas gerundet, hoch am Oberkopf, aber nicht zu weit hinten angesetzt und an den Kopfseiten glatt und dicht anliegend, mit feiner kurzer Behaarung, längere Haarfransen nur am hinteren Teil der Behängewurzel.

seine Länge vom Hinterhauptbein bis zum Widerrist ungefähr 3/4 bis 4/5 der Kopflänge vom Hinterhauptbein bis zur Nasenspitze gemessen. Ausgeprägte Kehl- oder Halswamme sind nicht erwünscht.

### Rumpf

Der Rumpf soll vom Widerrist bis zum Rutenansatz ungefähr doppelte Kopflänge haben. Der Rücken sei straff und gerade, von den Schultern bis zur Kruppe sehr breit und kräftig. Zwischen sehr muskulösen Schultern sei die Brust tief und breit, bei entsprechender kräftiger Rippenwölbung des Brustkorbes. Der Bauch ist nur wenig aufgezogen. Zwischen ihm und der muskelstarken Lendenpartie soll eine flache Vertiefung der Flankengegend deutlich sichtbar sein. Die Kruppe sei breit, durch starke Muskelpolster seitlich und nach hinten schön abgerundet.

### Augen

Mittelgroß, mäßig tief liegend, braun bis dunkelbraun, hellbraun darf toleriert werden, mit freundlichem Blick, Lidspalte mandelförmig, Lidbindehaut nicht sichtbar. Ausgesprochen helle Augen (schwefel- oder graugelb) sind fehlerhaft, ebenso zu enger Augenstand.

### Hals

Der Hals, im Querschnitt nicht ganz rund, sondern leicht eiförmig, steigt muskulös und breitnackig aus der Schulter-Brust-Partie gegen den Kopf an. Bei symmetrischem Bau beträgt

Ein schwacher Rücken, ein Senkrükken, schlaffe Lenden und zu kurze letzte Rippen mit starkem Aufgezogensein des Bauches gelten als Fehler.

## Vorderhand

Starke, von der Schultergegend kommende Muskelmassen umlagern den kräftigen Oberarmknochen, dem sich unter richtiger Winkelung die mächtigen Knochen des vollkommen geraden Laufes, dieser gut bemuskelt, anschließen. Die Ellenbogen liegen dem tiefsten Teil des Brustkorbes gut an, stehen ziemlich hoch und sind genau nach rückwärts gerichtet. Der ganze Lauf ist bis zum Sprunggelenk leicht befedert.

## Hinterhand

Die ganze Hinterhand soll kräftig sein. Die Hinterläufe müssen durchwegs frei bewegt werden, sie sollen starke Knochen haben, die von kräftigen Muskeln überlagert sind, so daß besonders die Oberschenkelpartie breit entwickelt ist. Die Hinterläufe sollen mäßig befedert sein. Kuhhessige Stellung, ebenso Mangel an Winkelung sind Fehler. Afterklauen (gelegentlich vorkommende 5. Zehe am Hinterlauf) sind verwerflich und sollen möglichst bald nach der Geburt entfernt werden.

*Ein Landseer mit richtiger Rutenhaltung*

## Pfoten

Groß und gut geformt, sogenannte Katzenpfoten. Gespreizte oder nach außen gedrehte Pfoten sind zu beanstanden. Die Zehen sollen durch starke Schwimmhäute bis ziemlich weit zur Zehenspitze verbunden sein.

## Rute

Stark, höchstens bis etwas unter die Sprunggelenke reichend, sehr dicht und buschig behaart, aber nicht fahnenförmig. Wenn der Hund still steht und nicht erregt ist, soll er die Rute abwärts hängend tragen, am Ende eventuell etwas gebogen halten. In der Bewegung darf er sie gerade ausgestreckt mit einer leichten Biegung des Endes nach oben tragen. Ruten mit einer Verbiegung oder über den Rücken geringelt getragen sind verwerflich.

**Größe**

Die Schulterhöhe des Landseers darf schwanken: bei den Rüden durchschnittlich zwischen 72 und 80 cm, bei den Hündinnen durchschnittlich zwischen 67 und 72 cm.
Kleinere Variationen nach unten oder oben sind zu tolerieren.

| | Neufundländer | Landseer |
|---|---|---|
| Körperbau | rechteckig, stämmig, kompakt (Abb. S. 19) | quadratisch, elegant (Abb. S. 23) |
| Höhe | Rüden ca. 68–72 cm<br>Hündinnen ca. 62–70 cm | Rüden ca. 72–80 cm<br>Hündinnen ca. 67–72 cm |
| | (mit Abweichungen nach oben und unten) | |
| Beine | niedriggestellt, Ellenbogen tiefstehend | hochgestellt, Ellenbogen hochstehend |
| Kopf | kein ausgeprägter Stop (Stirnabsatz) | deutlicher Stop (Stirnabsatz) |
| Augen | klein, tiefgebettet | mittelgroß, mäßig tief liegend |
| Behaarung | glatt, dicht, lang mit sehr dichter Unterwolle<br>mehr Befederung der Läufe | lang, schlicht, fein mit weniger Unterwolle<br>geringe Befederung der Läufe |
| Farbe | schwarz, braun, weiß-schwarz (anglo-amerikanischer oder Landseer-Neufundländer) | weiß mit schwarzen Platten |

# Überlegungen vor dem Kauf

## Haltungsvoraussetzungen

1 Schaffen Sie sich einen Hund nur dann an, wenn alle Familienmitglieder freudig zustimmen.

2 Hunde von der Größe der Neufundländer und Landseer sollten in einem Haus mit Garten gehalten werden, möglichst in der Nähe eines Geländes, in dem der Hund auch ohne Leine toben kann.

**Wichtig:** Neufundländer und Landseer sind keine Zwingerhunde! Sie brauchen viel Kontakt zu ihrem Menschen! Trotz des engen Familienanschlusses benötigen sie aber auch einen Platz, entweder drinnen oder draußen, an dem sie einmal ihre Ruhe haben.

3 Auch ein noch so großes Grundstück entbindet Sie nicht von der Notwendigkeit, mit dem Hund spazierenzugehen; erstens braucht er Kontakt zur „Außenwelt“, um wichtige Erfahrungen zu machen, und zweitens leidet er wahrscheinlich an Langeweile, wenn er tagein tagaus dasselbe Umfeld vor Augen und, vor allem, vor der Nase hat! Außerdem bewegt sich ein Hund allein nicht in dem Maße, wie bei Spaziergang und Spielen mit einem Begleiter.

4 Eine weitere wichtige Frage: Trauen Sie sich zu, einen Hund dieser Größe liebevoll, aber doch konsequent zu erziehen?

5 Rechnen Sie auch damit, daß der Hund vor allem bei nassem Wetter Schmutz ins Haus bringt und während des Haarwechsels vermehrt haart. Für Menschen mit übertriebenem Sauberkeitsbedürfnis kommt ein Hund nicht in Frage!

6 Was geschieht mit dem Hund während der Urlaubszeit? Können Sie ihn mitnehmen, verfügen Sie über Bekannte oder Verwandte, die sich während des Urlaubs um ihn kümmern, oder wissen Sie eine seriöse Hundepension?

7 Sind Sie bereit, auch Krankheit und gesundheitliche Probleme in Kauf zu nehmen, die zusätzliche Kosten und mehr Zeitaufwand mit sich bringen?

8 Ist der Hund tagsüber nicht zu lange alleine?
Bei täglicher Abwesenheit aller Familienmitglieder verbietet sich die Hundehaltung von selbst!

9 Sind Sie bereit, aller Verpflichtungen und Aufgaben, die die Hundehaltung mit sich bringt, für Jahre zu übernehmen? Ein Neufundländer/Landseer kann 10 Jahre, seltener bis zu 15 Jahre, alt werden.

Diese Fragen sollten Sie sich vor der Anschaffung des Hundes gründlich durch den Kopf gehen lassen.

**Wichtig:** Überlegen Sie, bevor Sie einen Hund anschaffen, ob Sie später 2 bis 3 Stunden am Tag für Spaziergänge mit dem erwachsenen Hund übrig haben.

| Finanzielle Aufwendungen | | | |
|---|---|---|---|
| | einmalig | pro Jahr | pro Monat |
| Erstausstattung (Leine, Halsband, Näpfe, Kamm, Bürste, Spielzeug, Decke) | 100–400 DM (je nach Ausführung) | | |
| Futter | | | 60–120 DM (beim Welpen und Junghund etwas mehr) |
| Impfungen | | ca. 100–150 DM | |
| Hundesteuer | | je nach Wohngebiet | |
| Tierhalter-Haftpflichtversicherung | | ab ca. 100 DM | |

## Rüde oder Hündin?

Beide Geschlechter haben ihre Vor- und Nachteile. Rüden sind im allgemeinen dickköpfiger als Hündinnen. (Ausnahmen sind möglich).
Die Erziehung des Neufundländer- oder Landseer-Rüden erfordert eiserne Konsequenz.

### Rüden

Sie werden in der Regel schwerer und größer als Hündinnen.

- Neufundländer: durchschnittlich 71 cm Schulterhöhe,
  Gewicht 50–62 kg;
- Landseer: von 72 cm bis zu über 80 cm Schulterhöhe,
  Gewicht 60– über 70 kg.

Einige Rüden neigen zu Dominanzverhalten untereinander oder ähnlich großen Hunden gegenüber, welches sich in fürchterlichem Knurren, im In-die-Leine-Springen und im schlimmsten Fall in der Lust am Raufen äußern kann, kleineren Hunden begegnen sie allerdings gleichgültig bis freundlich. Dieses unangenehme Verhalten zeigt sich immer wieder auf Ausstellungen im Rüdenring oder in der Trainingsgruppe.

*Die Neufundländer-Hündin ist meist kleiner und leichter als der Rüde*

Um es von vornherein zu vermeiden, müssen erste Anzeichen, die sich etwa ab dem 9. Monat, seltener auch früher einstellen können, sofort und konsequent im Keim erstickt werden. Neben den im Erziehungskapitel beschriebenen Strafen hat sich auch ein kräftiger Puff mit dem Knie in die Rippen des Hundes bewährt.

Überraschend ist immer wieder, wie dominante Rüden nach einem richtig gesetzten Puff sofort ihr auffälliges Gebaren einstellen, aber dabei keineswegs die Rute bis an den Bauch einkneifen, häufig vielmehr ihrem Hundeführer dafür „dankbar" zu sein scheinen. Man hat dann den Eindruck, als sei der Rüde „zufrieden" darüber, daß er eine klare Verhaltensrichtlinie erhalten hat.
Als Rüdenbesitzer muß man auch damit rechnen, daß heiße Hündinnen

**UNSER TIP**

**Das häufig empfohlene Nackenschütteln ist eine Maßnahme, die Rüden ab etwa dem 6. Lebensmonat nicht mehr beeindrucken kann, aber in den ersten Monaten tut es durchaus noch seine Wirkung.**

in der Nachbarschaft das eigene Tier mehrfach im Jahr in Paarungsbereitschaft versetzen. Je nach Triebstärke des Rüden kann dies eine Plage für alle Parteien bedeuten, da der Hund ständig in geschlechtlicher Erregung ist und meist doch nicht zum Zuge kommt. Bei Rüden, die schon einmal gedeckt haben, ist sogar mit einer Intensivierung des Verhaltens zu rechnen. Wenn also der eigene Rüde nicht in die Zucht kommt, ist es empfehlenswert, ihn möglichst bald kastrieren zu lassen.

## Hündinnen

Sie bleiben in der Regel leichter und kleiner und sind daher etwas eleganter als ihre männlichen Rassegenossen:

- Neufundländer: durchschnittlich 66 cm Schulterhöhe, Gewicht circa 50–55 kg.
- Landseer: durchschnittlich 70 cm Schulterhöhe, Gewicht circa 54–60 kg.

Sie sind im allgemeinen noch schmusiger und anhänglicher als Rüden, und ihr sanfteres Wesen macht sie für Anfänger geeigneter. Hündinnen sind leichter durch erzieherische Maßnahmen zu beeindrucken und gehen in der Gruppe freundlicher miteinander um. Sie sind auch oft wachsamer als Rüden. Ausnahmen gibt es natürlich auch hier. Die Hündin wird zweimal im Jahr läufig, das bedeutet, daß sie drei Wochen lang ein mit Blut vermischtes Sekret absondert und an einigen Tagen während dieser drei Wochen auch deck- und empfängnisbereit ist. Diese Decktage variieren von Hündin zu Hündin. Sind manche Hündinnen zwischen dem 9. und 11. Tag deckbereit, so lassen andere den Rüden erst ab dem 12. oder 14. Tag heran.

**UNSER TIP**

**Während der Läufigkeit gehört die Hündin unter intensive Beobachtung und an die Leine.**

Auch wenn sie sich im Garten befindet, sollte man sie unter Aufsicht haben, denn Rüden sind unglaublich erfinderisch, um an das Ziel ihrer Wünsche zu gelangen. Manche graben sich unter einem Zaun hindurch, andere vollbringen Hochleistungen in der Disziplin Hochsprung. Hündinnen bekommen ihre erste Hitze zwischen dem 7. und 13. Monat und bleiben bis zu ihrem Tode befruchtungsfähig! Auch bei Hündinnen empfiehlt sich, wenn sie keine Zuchtverwendung finden, die Kastration, besonders dann, wenn sie häufig unter Scheinträchtigkeit leiden.

*Auf einen solchen Welpensegen sollte man gut vorbereitet sein!*

# Die Auswahl des Züchters und des Welpen

## Wo kaufe ich einen Hund?

Hat man sich nach Abwägung aller Vor- und Nachteile, die die Anschaffung eines Hundes dieser Größe mit sich bringt, endgültig für einen Landseer oder einen Neufundländer entschieden, so sollte man sich nur an einen dem VDH (Verband für das Deutsche Hundewesen, siehe Anhang Seite 92) angeschlossenen Verein bzw. Züchter wenden.

Diese Vereine müssen sich hinsichtlich der sorgfältigen Zucht von Rassehunden bestimmten Auflagen unterwerfen.

Neufundländer- und Landseerwelpen kosten ungefähr DM 1 500 bis DM 2 900. Manch einem potentiellen Hundekäufer mag dieser Betrag recht hoch erscheinen, aber ein Züchter muß einen relativ hohen Zeit- und Kostenaufwand in Kauf nehmen, bevor ein Hund die Zuchtzulassung erhält:

- weite Anfahrten zu Ausstellungen
- Meldegebühren bei Ausstellungen
- Kosten für die Untersuchung (Röntgen) des ausgewählten Tieres auf HD hin und für die Auswertung durch einen eigens dafür bezahlten Auswertungsarzt
- mitunter Auslandsreisen zu einem passenden Deckrüden

Da eine riesenwüchsige Rasse einer besonders sorgfältigen Aufzucht bedarf, sollten die Kosten für die Ernährung nicht unterschätzt werden. Vor allem, wenn die Welpen nicht mehr ausschließlich bei der Mutter saugen und der Züchter beifüttern muß, wachsen die Aufzuchtskosten.
Außerdem werden die Welpen zwischen der 6. und 8. Wochen gegen Staupe (ansteckende, fieberhafte Viruserkrankung), Hepatitis (ansteckende Leberentzündung), Leptospirose (Stuttgarter Hundeseuche) und Parvovirose (eine virusbedingte Erkrankung, die zu erheblichen Darmstörungen oder zur Herzmuskelentzündung führt) geimpft.
Ferner hat jeder Club einen oder mehrere Zuchtwarte, die den Wurf abnehmen, das heißt, daß sie zum Züchter hinfahren, um sich vom guten Gesundheitszustand der Mutterhündin und der Welpen zu überzeugen und letztere auf eventuelle Anomalien hin zu untersuchen, ferner um einen Bericht anzufertigen und die Tätowierung der Welpen vorzunehmen. Für all dies muß der Züchter einen bestimmten Betrag an seinen Club bezahlen. Würde man außerdem die Zeit in Rechnung stellen, die der Hobbyzüchter neben der täglichen Arbeit mit den Hunden in Geburtsvorbereitungen, Geburt und weitere Aufzucht steckt, so käme bei der Aufrechnung mit dem Verkaufspreis ein wirklich magerer Stundenlohn heraus. Ganz anders sieht das bei Hundevermehrern und in Hundefabriken aus.
An dieser Stelle soll dringend vor gewerbsmäßigen „Züchtern“, die eher die Bezeichnung „Hundevermehrer“ verdienen, gewarnt werden. Diese Personen, die sich in der Regel keine

Gedanken über sorgfältige Zuchtwahl und Aufzucht machen, gehören zum Teil recht obskuren Vereinen oder Verbänden an. Sie streben keine Verbesserung der Rasse an, sondern produzieren aus Profitgründen Welpen am Fließband. Hündinnen werden dann als Gebärmaschinen bei jeder Hitze gedeckt und später, wenn sie nicht mehr zu gebrauchen sind, für einen geringen Obulus als ausgelaugte Tiere noch an mitleidige Menschen verkauft.

Da jeder „Papiere“ für einen Hund erstellen kann, muß auch die Ahnentafel, die man beim Kauf des Welpen erhält, geprüft werden. Eine VDH-Ahnentafel ist als solche ausgewiesen (s. Muster S. 38).

Sogenannte „Hundefabriken“ erkennt man daran, daß sie bis zu einem Dutzend Rassen oder noch mehr anbieten. Oft tarnen sich diese Vermehrungsanlagen, indem sie einfach mehrere Anzeigen mit jeweils einer Rasse aufgeben. Jedoch kann man durch Vergleichen der Telefonnummern feststellen, daß es sich um ein und denselben Anbieter handelt.

Unseriöse Züchter bieten Hunde zu zwei unterschiedlichen Preisen an. Solche Hunde kosten dann „mit Papieren“ beispielsweise DM 850 und „ohne Papiere“ DM 400.

*Ein gewissenhafter Züchter ist um das Wohl seiner Tiere bemüht*

Da Hundevermehrer den Hund als Verkaufsobjekt und nicht als zukünftigen liebenswerten Hausgenossen auf vier Beinen betrachten, geben sie sich auch keine Mühe mit einer angemessenen Aufzucht. Wichtige Schritte in der Sozialisation des Welpen, zum Beispiel seine Gewöhnung an den Menschen durch vielfältigen Kontakt, werden nicht vollzogen. Oft sind diese Tiere sehr scheu und neigen nicht selten als ausgewachsene Hunde zum Angstbeißen, daß heißt, daß sie aufgrund ihrer übersteigerten Angst vor dem Unbekannten, also aus Unsicherheit, zuschnappen. Oft leiden diese Tiere zusätzlich unter Krankheiten, so daß man innerhalb kurzer Zeit das, was man beim Kauf gespart hat, beim Tierarzt wieder ausgibt.

FCI VDH

**Ahnentafel**

Name:
Wurftag:
Geschlecht:
LZB-Nr.:
Züchter:

| Eltern | Großeltern | Ur-Großeltern | Ur-Ur-Großeltern |
|---|---|---|---|
| Rüde | | | |
| Hündin | | | |

**Wichtig:** Hände weg von Hunden aus Hundefabriken! Sorgfältige Auswahl des Hundes bei einem dem VDH angeschlossenen Züchter!

## Der Besuch beim Züchter

Hat man einen Züchter ausfindig gemacht (Adressen der Vereine im Anhang Seite 92), der zur Zeit Welpen anbietet, so sollte man sich bei der Auswahl des kleinen Vierbeiners einige Stunden Zeit lassen. Bei genauerer Beobachtung kann man nämlich bei den Welpen bereits unterschiedliche Verhaltensweisen und Reaktionen auf Umweltgegebenheiten erkennen. Da gibt es die Faulen, bequeme, relativ wenig aktive Hunde, ferner die Schreihälse, die, sobald etwas nicht nach ihrem Geschmack ist, laute, jammernde Töne von sich geben, und auch die Pfiffigen, die sich schon ab den ersten Lebensstunden und -tagen von Hindernissen nicht aufhalten lassen. Am besten sieht man sich als Neufundländer- oder Landseer-Erstinteressent Welpen ab etwa der sechsten Woche an, da dann das Skelett mit dem Muskelsystem so

weit entwickelt ist, daß die Kleinen sich weiter von ihrem Lager entfernen und herumtollen können. Die Welpen zeigen jetzt auch schon ausgeprägte Charakterunterschiede, wenn sie miteinander spielen oder mit neuen Situationen konfrontiert werden.
Erste Aufschlüsse darüber, ob ein Welpe z. B. zur Dominanz neigt oder ob er einen ausgeprägten Jagdtrieb besitzt, erhält man durch genaues Beobachten und durch Beschäftigung mit den Jungen.
Zeigt man ihnen beispielsweise einen Ball und rollt ihn davon, wird der jagdbegeisterte Kleine das Spiel mit seinen Geschwistern sofort unterbrechen, um das rollende Objekt zu verfolgen. Verhält er sich häufig oder immer so, dann kann man davon ausgehen, daß man neben der regulären Gehorsamserziehung bei ihm besondere Aufmerksamkeit auf die Hemmung des Jagdtriebs richten muß.
Obwohl weder Landseer noch Neufundländer zu den Jagdhundrassen gehören, gibt es unter ihnen doch erstaunlich viele, die jedes Kaninchen, jede Katze ausdauernd verfolgen, was aber nicht heißt, daß das Jagdobjekt auch getötet wird.

*Wie sich ein Welpe beim Spiel mit seinen Geschwistern verhält, gibt Aufschluß über seinen Charakter*

*Welpen benötigen wie kleine Kinder eine abwechslungsreiche Umgebung*

### UNSER TIP

**Wer später mit seinem Hund eine Spezialausbildung etwa als Wasserrettungs- oder als Fährtenhund machen möchte, sollte darauf achten, einen sehr verspielten Welpen auszuwählen, da solche Hunde besonders gut über das Spielverhalten für neue Lernerfahrungen motiviert und durch das Spiel auch belohnt werden können.**

## Das Verhör

Der gewissenhafte Züchter wird sich gern reichlich Zeit für ein Gespräch mit dem zukünftigen Besitzer nehmen, da er seine Welpen gut untergebracht wissen will. So wird man sich als Welpeninteressent etliche Fragen gefallen lassen müssen, etwa in bezug auf Haltungsbedingungen, auf Unterbringung zur Urlaubszeit und ähnliches. Auch wird der Züchter auf weniger positive Aspekte der Haltung von großen, langhaarigen Hunden aufmerksam machen, damit die zukünftigen Besitzer schon vor dem Kauf über mögliche Probleme Bescheid wissen.

## Der Welpe beim Züchter

Von großer Bedeutung für die Aufzucht sind die körperlichen und psychischen Grundlagen des Hundes, deren Entwicklung in den ersten 10 Wochen in der Verantwortung des Züchters liegt. Dieser sollte die Welpen gut auf den Menschen geprägt haben, so daß sie auch Fremden offen und erkundungsfreudig begegnen. Beim Besuch des Züchters achte man auch darauf, wie die Welpen gehalten werden. Sie sollten in einer Umgebung aufwachsen, die vielfältige Entwicklungsanreize bietet, wie zum Beispiel unterschiedliche Bodenbeschaffenheit, die Abwechslung bietet, oder Gegenstände, mit denen sie Umwelt- und Spielerfahrungen machen können.
Das Areal, auf dem die Hunde leben, sollte weitgehend frei von Kot sein. Bei Anzeichen von Durchfall ist Vorsicht geboten, denn dies kann unter Umständen auf eine ernsthafte Erkrankung hindeuten. Oft ist es aber nur eine momentane, eventuell umstellungsbedingte Irritation des Magen- und Darm-Trakts. Die Welpen selbst sollten klare, nicht verklebte Augen und ein dichtes und flauschiges Haarkleid haben. Es muß nicht unbedingt blitzsauber sein, da Welpen es lieben, miteinander herumzutollen, und dabei auch schon mal im Matsch landen können, was ihnen besonderes Vergnügen bereitet. Und kein Züchter hat die Zeit, alle seine Welpen ständig zu bürsten.

**Wichtig:** Die Welpen sollten sich altersentsprechend – gut bewegen und schon relativ gut koordiniert laufen können. Daß sie dabei ab und zu die Balance beim Rennen und Fangen verlieren, ist völlig natürlich. Von Welpen, die auf ebener Fläche ohne Fremdeinwirkung oft hinfallen, sollte man die Finger lassen, da dies unter Umständen auf eine ernste Entwicklungsstörung hinweisen kann.

## Riesen sind Spätentwickler

Unsere Riesen brauchen für alle Phasen ihrer Entwicklung länger als kleine Rassen. Das muß man bei der Auswahl eines Neufundländer- oder Landseerwelpen berücksichtigen: er läßt sich also zum Beispiel nicht mit einem gleichaltrigen Dackelwelpen vergleichen. Denn während etwa ein 12 Wochen alter Dackel einen geradezu eleganten, in seinen Bewegungen koordinierten Eindruck macht, wirkt der 12 Wochen alte „Bär“ eher tapsig-tolpatschig.
Auf alle Fälle sollte man auf kräftige Knochen und ausgewogene Proportio-

nen achten. Allerdings wird das Bild, das der Hund mit 10 Wochen, also bei der Abgabe an den Käufer bietet, sich innerhalb der nächsten Wochen und Monate noch gründlich verändern, vor allem ab dem 5. Monat verliert der Junghund sein plüschiges Babyfell und streckt sich enorm. Leider nimmt die Natur dabei nicht immer Rücksicht auf die Proportionen. Mal ist der Kopf zu klein für den Rumpf, mal steht die Kruppe wesentlich höher als die Schultern, und manchmal sieht die noch nicht dicht behaarte Rute aus wie ein langer, überdimensionierter Rattenschwanz.

Bis sie anderthalb Jahre alt sind, wachsen die Hunde in die Höhe, wobei vom 4. bis zum 9. Monat der stärkste Wachstumsschub beobachtet werden kann. Danach nimmt der Hund an Breite zu, bis er im Alter von ungefähr 3 Jahren körperlich und charakterlich voll entwickelt ist.

## Letzte Umzugsvorbereitungen

Hat man sich für den Hund seines Herzens entschieden, sollte man ihn, bevor er endgültig in sein neues Zuhause übersiedelt, noch ein paarmal besuchen. Denn so kann man ein erstes Zusammengehörigkeitsgefühl entwickeln, und man kann selbst die rasanten Entwicklungsschritte des Welpen gut verfolgen. Beim letzten Besuch sollte man eine alte Decke beim Züchter lassen, die er einen Tag vor der Abreise des Welpen in dessen Schlaflager legt. So hat dieser zumindest während der Fahrt und in den ersten Tagen und Nächten im neuen Heim den Geruch seiner Mutter und seiner Geschwister um sich und verkraftet die Trennung von ihnen ein wenig leichter.

Nachdem der Kaufvertrag unterschrieben wurde, händigt der Züchter dem Käufer den Impfpaß (s. S. 58) mit dem Nachweis der erfolgten Impfungen sowie die Ahnentafel des Hundes aus (s. S. 38). Verantwortungsbewußte Züchter geben eine Fütterungsempfehlung mit, an die man sich, zumindest für eine Übergangszeit, halten sollte, um Magen- und Darmprobleme beim Welpen zu vermeiden. Ein Züchter, der seine Sache ernst nimmt, gibt auch erste Hinweise für die Erziehung, besonders dann, wenn es sich um ein sehr dominantes Tier handelt.

In den ersten Monaten wird der stolze Besitzer des Welpen noch so manche Frage an den Züchter haben, der sich als kompetenter Ansprechpartner erweist.

# Kaufvertrag

MUSTER

Zwischen dem **Verkäufer** (Name, Vorname, Straße und Nr., PLZ und Ort):

.....................................................................................................................

und dem **Käufer** (Name, Vorname, Straße und Nr., PLZ und Ort):

.....................................................................................................................

wird folgender **K a u f v e r t r a g** geschlossen:

**Gegenstand** des Vertrages ist der Rüde*) die Hündin*)

(Name) ..............................................................................................................

der Rasse .................................................. Wurfdatum ..................................................

im VDH/FCI-Zuchtbuch des Rassehunde-Zuchtvereins

(Name) ..............................................................................................................

(          ) **) eingetragen unter Nr. ..................................

(          ) **) zur Eintragung angemeldet.          Tätowier-Nr.: ..................................................

Der **Kaufpreis** beträgt DM ..................................... (i. W. Deutsche Mark .....................................

.....................................................................................)

**Der Käufer erklärt,** daß er mit dem Hund nicht*) züchten und diesen nicht*) ausstellen will.

**Der Verkäufer leistet** für die Richtigkeit der in der Ahnentafel bzw. in der Meldung zum Zuchtbuch enthaltenen Angaben **Gewähr, gleiches gilt für die Angaben in weiteren übergebenden Urkunden. Er versichert,** daß ihm irgendwelche offensichtliche oder verborgene Mängel oder Krankheiten des Hundes nicht bekannt sind. **Er erklärt, daß der Hund gegen Staupe, Hepatitis, Leptospirose, Parovirose, Tollwut *) geimpft wurde, und händigt den Impfpaß dem Käufer aus.**

**Der Käufer bescheinigt,** den Hund besichtigt zu haben. **Er erklärt,** daß er über die für die Aufzucht und Haltung eines Hundes notwendigen Kenntnisse, Fähigkeiten und Möglichkeiten verfügt und daß ihm bekannt ist, daß insbesondere ein junger Hund tiergerecht aufgezogen und gehalten werden muß und unter keinen Umständen überfordert werden darf. Von der Haftung für Beeinträchtigungen und Schäden, die durch falsche Haltung, Aufzucht oder Behandlung entstehen, **stellt er den Verkäufer frei. Er sichert ferner zu,** den Hund nach den Bestimmungen des Tierschutzgesetzes und den auf Grund dieses Gesetzes erlassenen Verordnungen zu halten.

(          ) **) Die Ahnentafel ist dem Käufer übergeben worden.

(          ) **) **Der Verkäufer verspricht,** die Ahnentafel nach Erhalt vom Zuchtbuchamt dem Käufer unverzüglich zuzusenden.

Zusätzlich werden folgende Abreden getroffen:

.....................................................................................................................

.....................................................................................................................

.....................................................................................................................

.....................................................................................................................

.....................................................................................................................

.....................................................................................................................

**Verkäufer und Käufer erklären,** daß darüber hinaus weitere Abreden nicht getroffen wurden. Ergänzungen und Änderungen dieses Vertrages bedürfen der Schriftform. Verkäufer und Käufer erhalten je eine Ausfertigung dieses Vertrages.

(Ort) .................................................................. (Datum) ..................................................................

DER VERKÄUFER          DER KÄUFER

# Die Aufzucht

## Wieviel Bewegung braucht der Welpe/ der Junghund?

Wie bei allen riesenwüchsigen Rassen muß man bei der Aufzucht größtmögliche Sorgfalt walten lassen, da die Hunde zwischen dem 4. und 9. Monat einen enormen Wachstumsprozeß durchmachen, wobei das Skelett sowie Bänder und Sehnen ungeheuren Belastungen ausgesetzt sind. Daher darf man in dieser Zeit den Hund auf keinen Fall durch lange Spaziergänge überanstrengen. So sollte im ersten Monat nach der Übernahme des Welpen der einzelne Spaziergang eine Viertelstunde oder wenig länger dauern, und der Begleiter sollte sich weitgehend der Laufgeschwindigkeit des Hundes anpassen.

Die Spaziergänge sollen dem Hund viele Möglichkeiten bieten, Kontakte mit Artgenossen herzustellen und seine Umgebung intensiv zu erschnuppern. Die Dauer des Spaziergangs wird, dem Alter des Hundes angepaßt, nach und nach verlängert. Mit etwa einem Jahr kann der Hund durchaus eine Stunde ununterbrochen laufen, mit zunehmender Reifung des Bewegungsapparates immer länger.

**Wichtig:** Der Hund gehört in der Wachtumsphase nicht ans Fahrrad!

## Der Hundekindergarten

*Lassen Sie Ihren Hund im „Hundekindergarten" spielerisch fürs Leben lernen!*

Vielfach werden von Hundevereinen und Hundeausbildungsstätten sogenannte „Welpenspieltage" oder „Prägungsspieltage" angeboten, was man mit seinem Welpen oder Junghund unbedingt wahrnehmen sollte.
In diesen „Hundekindergärten" werden, ähnlich wie in ihren menschlichen Pendants, die Grundlagen für ein gutes Sozialverhalten intensiviert und darüber hinaus vielfältige Lernangebote gemacht. In der Regel sind Hunde im Alter von 10 Wochen bis zu 6, 7 Monaten zugelassen. Sie kommen dabei auch mit Vertretern anderer Rassen und mit Mischlingshunden in Berührung und lernen spielerisch, vor allem ihren Grenzen zu erkennen. Gerade das Spiel bedeutet für den jungen Hund eine extrem wichtige Lernsituation. Er macht zum Beispiel die Erfahrung, daß man sich nicht ungestraft an den Ohren eines anderen festbeißen darf, und er gewöhnt sich daran, die eigenen Hundeinteressen mit denen des anderen in Einklang zu bringen sowie erste einfache Kommandos seines Herrchens oder Frauchens zu befolgen, wenn er aus dem Spiel abgerufen wird.

## Die Ernährung

### Weniger ist mehr!

Eine weitere wichtige Voraussetzung für eine gesunde Entwicklung ist die Ernährung. Hier gilt in der Tat für die Menge der Grundsatz „weniger ist mehr“. Dafür soll das Futter allerdings von sehr guter Qualität und abwechslungsreich sein. Vor allem während der Phase des stärksten Wachstumsschubs (zwischen dem 4. und dem 9. Monat), wenn der Bewegungsapparat extremen Belastungen ausgesetzt ist, hat die sachgemäße Fütterung die größte Bedeutung. Füttert man zuviel Futter mit zu hohem Energiegehalt, bildet der Körper zuviel Fett, da der Junghund den Nahrungsmittelüberschuß nicht durch Bewegung ausgleichen kann. Energie wird vom Organismus zur Erhaltung seiner Funktionen (Atmung, Verdauung, Kreislauf) benötigt. Der Energiebedarf von Hunden ist abhängig

- von der Rasse; Neufundländer benötigen aufgrund ihres trägeren Temperaments und ihrer besseren Oberflächenisolation weniger Energie als etwa Doggen,
- vom Alter,
- von der Bewegungsintensität,
- von der Luftfeuchtigkeit,
- von den Haltungsbedingungen, zum Beispiel benötigt ein ausschließlich draußen gehaltener Hund mehr Energie als ein Wohnungshund.

Wichtige Energielieferanten sind Kohlenhydrate, Fett und Eiweiße (Proteine). Letztere müssen gut verdaulich sein, wie zum Beispiel

**Empfohlene Menge hochwertiges Rohprotein (im 1. Lebensjahr des Hundes)**

| Alter | Menge in Gramm pro Kilogramm Körpergewicht | |
|---|---|---|
| im 3. Monat | 6–8 g verdauliches Rohprotein | |
| im 4. Monat | 5–6 g | „ |
| im 5. und 6. Monat | 4–5 g | „ |
| vom 7. bis zum 12. Monat | 2,5–3,5 g | „ |

Magerquark, Blättermagen, grüner Pansen, Muskelfleisch vom Rind. In der Deklaration auf der Hundefutterverpackung wird immer der Rohproteingehalt in Prozent angegeben. Durch zuviel Protein, beispielsweise 20–30 g pro kg Körpergewicht des Hundes, entsteht auch zuviel Harnstoff, Protein von minderer Qualität führt zu Durchfällen und Leberschäden.
Im Laufe des ersten Lebensjahres nimmt der Proteinbedarf des Hundes ab. Die für die jeweilige Altersstufe empfohlene Menge entnehmen Sie der Übersicht S. 47. Wird der Neufundländer/Landseer zu energiereich, also auch mit zuviel Protein

*Verkrümmte Beinknochen als Folge einer falschen Fütterung*

gefüttert, kann es, wenn zuviel Muskel- und/oder Fettmasse auf dem noch weichen Skelett lastet, zu Verbiegungen besonders der langen Röhrenknochen der Beine kommen (s. nebenstehende Abb.). Außerdem werden Bänder und Sehnen zu stark belastet, und es kommt zu losen Gelenken.
Da die wenigsten Hundebesitzer „Kyno-Ökotrophologen“ (= Hundeernährungswissenschaftler) sind, empfiehlt es sich, zum industriell hergestellten Futter zu greifen, dem komplexe Untersuchungen und Versuche in den Laboratorien der Hundefutterhersteller zugrunde liegen.

**Wichtig:** Es muß darauf geachtet werden, daß das Futter nicht zu hohe Proteinanteile enthält. Da etliche Welpen- und Junghundtrockenfuttersorten einen Proteingehalt von über 30% aufweisen, ist hier also Vorsicht geboten.

Trockenfutter ist in vielerlei Hinsicht das bequemste Futtermittel. Man braucht nichts hinzuzusetzen und kann es praktisch überall ohne großen Aufwand verfüttern. Für Urlaubsreisen ist es das ideale Futtermittel. Zwar meinen viele Hundebesitzer und Züchter, das Verfüttern aus-

schließlich einer Futtersorte biete dem Hundemagen nicht ausreichend Abwechslung, doch dies wird von Hundeernährungsexperten bestritten. Will man vom täglichen Trockenfutter-Einerlei abweichen, kann man Fleisch-Flocken-Gemüse-Mahlzeiten geben, wobei das Verhältnis Fleisch zu Flocken und Gemüse 1:1 sein sollte.

**Wichtig:** Stellt man das Futter in der hier beschriebenen Art zusammen, muß eine Vitamin-Mineralstoff-Mischung (z. B. Welpisal, Vitakalk) dem Körpergewicht des Hundes entsprechend beigefügt werden. Industriell hergestelltem Trockenfutter wird nichts zugesetzt, da hier ein Zuviel ebenso zu Skelettdeformationen führen kann wie ein Zuwenig.

Tierärzte beklagen eher die Folgen von Über- als von Unterernährung, und besonders Riesenrassen werden eher durch zu übermäßige Fütterung in ihrer Entwicklung geschädigt.

Ein weiterer in der Aufzuchtperiode sehr zu beachtender Faktor ist der **Mineralstoffgehalt** der Futtermittel, insbesondere hierbei das Kalzium-Phosphor-Verhältnis. In selbst zusammengestellten Mahlzeiten mit viel Fleisch ist meist zuviel Phosphor enthalten. In der Folge kommt es zum Abbau des in den Knochen befindlichen Kalziums, da der Kalzium-Phosphor-Spiegel im Blut ausgeglichen werden muß. Wird der Hund über längere Zeit hinweg ungesund ernährt, treten Fehlentwicklungen der Knochen auf. Veterinärmediziner empfehlen ein Kalzium-Phosphor-Verhältnis von 2:1 im 3. und 4. Monat, von 1,8:1 im 5. und 6. Monat und von 1,3:1 vom 7. bis zum 12. Monat.
Dies sind mittlere Werte, die z. B. noch nach Bewegungsaktivität leicht modifiziert werden müssen.

*Verschiedene Trockenfuttersorten*

*Viele Tierärzte raten, die Futterschüsseln erhöht aufzustellen. Besonders beim heranwachsenden Hund kann sich nämlich das noch weiche Skelett verformen, wenn er sich beim Fressen immer zu seinem auf dem Boden stehenden Napf hinunterbeugen muß*

## Was soll gefüttert werden?

Außer Trockenfutter kann man Fleisch vom Rind verfüttern. Rindfleisch muß nicht abgekocht werden, da beim Kochen ein Teil der Serumeiweiße und Mineralstoffe verlorengehen.

**Wichtig:** Rohes Fleisch muß aus einwandfreier Quelle stammen!

Das Fleisch wird ergänzt durch Getreideflocken/Reis und Gemüse. Wenn der Hund es akzeptiert, sollten Obst und gekochtes Gemüse fester Bestandteil der Futterration sein. Hier wären Äpfel, in Fett gekochte Möhren, Bananen und Spinat zu nennen.
Gut für den Haarstoffwechsel sind außerdem ein bis zwei Teelöffel kaltgepreßtes Öl, die täglich gegeben werden sollten.

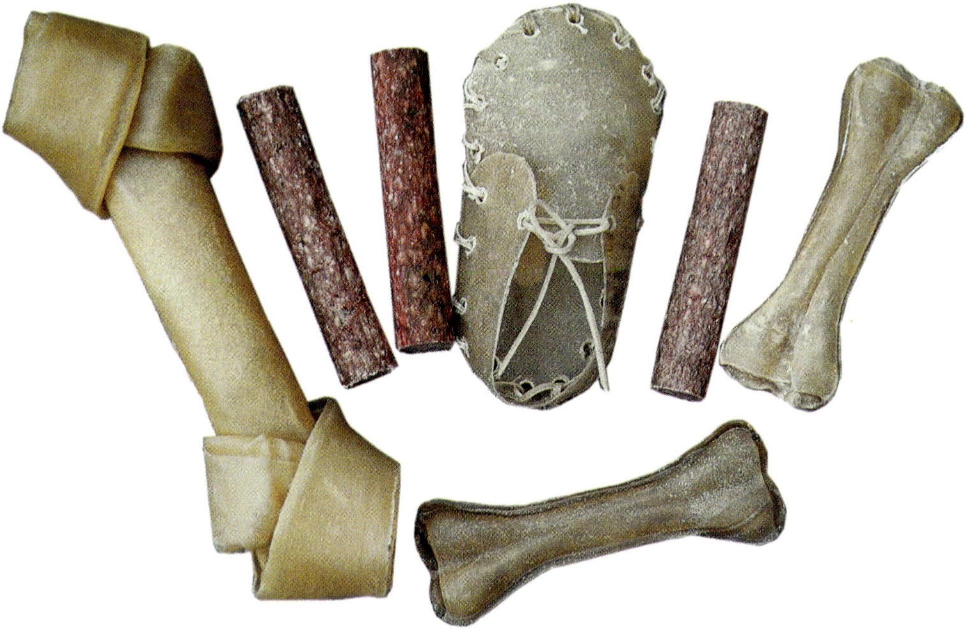

## Knochenfütterung

Hiervon ist abzuraten. Dies gilt insbesondere für leicht splitternde Geflügelknochen; an ihnen kann der Hund zugrunde gehen, wenn sie den Verdauungstrakt, der übrigens schon im Fang beginnt, verletzen oder blockieren. Wenn überhaupt Knochen, dann Oberschenkelknochen vom Kalb, und das nur selten! Einen guten Ersatz bieten Kauknochen aus Tierhaut, die der Hund mit sichtbarem Genuß benagt. Besonders während des Zahnwechsels, der ungefähr in der 16. Woche beginnt, bieten sie einen willkommenen Anreiz zum Kauen, mit dem nützlichen Nebeneffekt, daß Möbelstücke und Schuhe verschont bleiben.

*Geflügelknochen gehören nicht in den Futternapf!*

| Die zehn Gebote der Hundeernährung | |
|---|---|
| 1. | Der Hund braucht ausgewogene, abwechslungsreiche Nahrung (Eiweiß, Fett, Kohlenhydrate, Vitamine, Mineralien, Spurenelemente) |
| 2. | Qualität geht vor Quantität! |
| 3. | Regelmäßige Fütterungszeiten einhalten! |
| 4. | Futtermenge und Bewegungsmöglichkeit müssen einander entsprechen! |
| 5. | Nach der Nahrungsaufnahme muß eine Ruhepause folgen! (Gefahr der Magendrehung) |
| 6. | Keine Geflügelknochen geben! |
| 7. | Kein Schweinefleisch verfüttern – vor allem nicht roh! (Gefahr der Aufnahme des Virus, der zur Aujeszkyschen Krankheit führt – für Hunde tödlich) |
| 8. | Keine stark gewürzten Essensreste anbieten! |
| 9. | Täglich frisches Wasser geben, Säuberung des Napfes nach jeder Mahlzeit! |
| 10. | Kein direkt dem Kühlschrank entnommenes Futter anbieten! (Gefahr von Magen- und Darmstörungen) |

### Die Anzahl der Mahlzeiten

Im Alter bis zu 12/14 Wochen sollten die Welpen vier Mahlzeiten täglich erhalten, beispielsweise zwei Trockenfuttermahlzeiten, zwei Mahlzeiten mit ca. 150–200 g Fleisch, ebensoviel gekochtes Gemüse plus Getreideflocken sowie die dem Gewicht des Hundes entsprechende Menge Welpisal/Vitakalk. Zum Kauen und Nagen bekommen sie hartes Vollkorn- oder Vollwertbrot. Im Alter von 5 bis 12 Monaten erhalten sie drei Mahlzeiten täglich, beispielsweise zwei Trockenfuttermahlzeiten, eine Fleisch-Flocken-Gemüse-Mahlzeit, wobei die Fleischmenge nach und nach bis etwa 400–450 g gesteigert wird. Dies gilt natürlich auch für die Flocken-Gemüse-Ration.

Auch hier wieder die entsprechende Menge Welpisal/Vitakalk hinzufügen. Will man die Mahlzeiten reduzieren, so verzichtet man am besten auf die, die der Hund erkennbar verschmäht. Manche Hunde nehmen in den ersten Wochen im neuen Zuhause auch einen Magerquark-Bananen-Honig-Brei zu sich.
Wichtig für die Ernährung des neuen Familienmitglieds sind die Ernährungsgrundlagen, die vom Züchter gelegt werden. Die Welpen sollten an vielerlei Futter gewöhnt sein.
Hartes Brot (s.o.) kann dem Hund immer in geringen Mengen zur Verfügung gestellt werden.

Mit einem bis anderthalb Jahren reichen zwei Mahlzeiten täglich aus, die auch für das weitere Leben des Hundes beibehalten werden sollten. Die Futteraufnahme in einer einzelnen Mahlzeit ist zu vermeiden, weil es dabei leicht zu der gefürchteten Magendrehung kommen kann, die in den meisten Fällen tödlich verläuft (siehe hierzu auch S. 18).

**Wichtig:** Weil Trockenfutter weitgehend die Feuchtigkeit entzogen wurde, muß immer sauberes Wasser für den Hund bereit stehen.

## Wieviel ist gut für die Figur?

Wenn man den Welpen übernommen hat, sollte man sich zunächst an die Mengenangaben des Züchters halten. Sicher wird die Futtermenge den veränderten Haltungsbedingungen angepaßt werden müssen. Die „Tastprobe" gibt Aufschluß darüber, ob man nicht zu reichlich füttert: Man sollte immer die Rippen des Hundes gut fühlen können. Besonders bei Rassen mit dichtem langen Haar muß man diese Probe öfters durchführen, da Unter-, aber auch Überernährung dem Blick verborgen bleiben.
Selbstverständlich sollte der Hund immer zu den gleichen Zeiten gefüttert werden, denn er ist auch hier ein Gewohnheitstier.
Nach 15 bis 30 Minuten entfernt man eventuelle Reste aus dem Napf, vor allem dann, wenn sie aus angefeuchtetem Futter bestehen, da es sonst zu Gärungsprozessen kommen kann. Dies gilt besonders bei hohen Außentemperaturen. Nicht angefeuchtetes Trockenfutter kann man stehenlassen.
Für etwas mäkelige Fresser oder für solche, die mehrere kleine Futtermengen über eine längere Zeit aufnehmen, sollte man das Trockenfutter ohnehin stehenlassen. Hunde, die ihr Futter nach ihrem eigenen Bedürfnis

*Einmal die Woche wiegen muß sein!*

zu sich nehmen und trotzdem nicht dick werden, können nach Belieben gefüttert werden. Sie sind gegen Schäden durch Überversorgung gefeit. Allen verfressenen Exemplaren aber muß der Mensch unbedingt Mäßigung auferlegen.

**Wichtig:** Nach der Übernahme sollte man den Welpen wöchentlich wiegen. Er sollte pro Woche durchschnittlich ca. 1 bis 1,5 kg zunehmen.

## Störungen des Freßverhaltens

Diese kommen mitunter vor, wenn eine neue Futtersorte verfüttert wird. Dem kann man entgegensteuern,

indem man dem gewohnten Futter nach und nach das neue Präparat beimischt.
Viele pflanzliche Nahrungsbestandteile, wie Gemüse kann der Hund in rohem Zustand nicht verwerten, und er nimmt es in der Regel auch nicht so gerne, so daß man es durch Dünsten oder Kochen genießbar machen muß.
Auch Ortsveränderungen können sich störend auf die Futteraufnahme auswirken.
Etliche Rüden neigen auch zu Futterverweigerung, wenn eine Hündin in der Nachbarschaft heiß ist. Da die Hitze auch wieder aufhört, betrachtet man diese Zeit am besten als „natürliche Reduktionsdiät", bei der der Hund keinen Schaden nimmt, denn Hunde können wochenlang auf Nahrung verzichten, jedoch keinesfalls auf Wasser!

### UNSER TIP

**Auch kaltgepreßtes Pflanzenöl, das teelöffelweise über das Futter gegeben wird, regt den Appetit an, was für Fett und übrigens auch für Salz grundsätzlich gilt.**

Auch bei Hündinnen kann es durch hormonelle Schwankungen zu unterschiedlich ausgeprägtem Appetit kommen. Hündinnen wollen während ihrer Hitze soviel fressen, als erwarteten sie einen Wurf von mindestens einem Dutzend Welpen, obgleich sie gar nicht gedeckt wurden. Der Besitzer darf hier dem übermäßigen Verlangen der Hündin nicht nachgeben. Normalerweise läßt diese Freßlust nach der Hitze nach, und die Hündin kehrt zu ihrem gewohnten Verhalten zurück.

## Die Futterkosten

Sie sind für Hunde dieser Größe geringer als gemeinhin angenommen. Mit DM 2 bis DM 4 pro Tag bekommt man den erwachsenen Hund gut ernährt. Die Verfütterung von Trockenfutter ist in der Regel billiger als Dosenfutter. Wer die Mühe scheut, auch für den erwachsenen Hund selbst Mahlzeiten herzustellen wie in der Aufzuchtphase, dem sei zu Trockenfutter geraten. Auf Reise und zu Ausstellungen kann man es ohne Umstände mitnehmen und verfüttern. Der erwachsene Hund benötigt dann noch etwa 400 bis 500 g Futter pro Tag, je nach Fabrikat.

## Die ersten Tage im neuen Heim

Hat unser vierbeiniger Freund die Fahrt vom Züchter ins neue Heim gut überstanden, so muß man ihm einige Tage Ruhe und Zeit zur Eingewöhnung geben. Turbulentes Treiben im Haus, wie etwa lebhaften Besuch, sollte man in dieser Zeit vermeiden, um dem Welpen Reizüberflutungen zu ersparen. Wenn man sich dann in aller Ruhe mit ihm beschäftigt und ihm reichlich Zuwendung gibt,wird er sich, je nach individueller Veranlagung, nach spätestens einer Woche in seine neue Umgebung eingelebt haben.

### Heimweh

Um dieses zu vermeiden, sollte man ihn in der ersten Zeit auf einem Teppich oder einer Decke (die man vom Züchter mitgebracht hat) neben dem eigenen Bett schlafen lassen. Dies bietet mehrere Vorteile:

1 Er hat nach wie vor ein Lebewesen in unmittelbarer Nähe und kann bei Bedarf mit Maunzen oder anderen Unlustäußerungen seinem Kontaktbedürfnis Ausdruck geben. Man muß sich vorstellen, wie die Welpen beim Züchter schlafen: in Gruppen und mit Körperkontakt.

2 Wenn der Welpe nachts unruhig wird, weil ihn ein Entleerungsbedürfnis plagt, kann man ihn sofort

hinaus in den Garten tragen. Gleich nach erfolgter Aktion wird er überschwenglich gelobt, so daß er das Geschäft an diesem Platz mit angenehmen Folgen verknüpft und alles tun wird, um wieder in den Genuß dieses erfreulichen Erlebnisses zu kommen. Auf diese Weise wird er relativ schnell stubenrein werden.

3 Welpen mit ausgeprägtem Nagebedürfnis kann man, wenn man sie auch nachts in der Nähe hat, sofort durch strenges Schimpfen zur Ordnung rufen.

Das Bett sollte allerdings für einen Hund dieser Größe – Welpen bleiben nur in den ersten drei Monaten in diesem handlichen Format – tabu sein. Ein lang ausgestreckter Neufundländer läßt einem nicht mehr viel Platz! Ganz zu schweigen von den Haaren, die man am nächsten Morgen auf den Laken findet.
Glücklicherweise wird es den meisten Riesen, die das Bett versuchsweise einmal aufgesucht haben, schnell warm, und sie finden diesen Ort nicht mehr sehr angenehm.
Hat der Hund sich die ersten Wochen an die häusliche Situation und die typischen Abläufe gewöhnt, so wird er sich oft ein anderes, kühleres Schlaflager, zum Beispiel in der Diele, suchen, um nachts die Haustür zu bewachen.

*So ist das Heimweh schnell vergessen!*

# Gesundheitsvorsorge

## Impfungen

Die Erstimpfung, die der Hund beim Züchter erhalten hat, muß in der 12. bis 14. Woche aufgefrischt werden. Zudem erhält er noch die Tollwutimpfung. Sollte man die Absicht haben, später mit dem Hund Welpenspieltage zu besuchen, empfiehlt sich auch eine Schutzimpfung gegen Zwingerhusten, die übrigens auch von Hundepensionen verlangt wird.

Auch auf Ausstellungen besteht eine potentielle Ansteckungsgefahr, weil dort Hunderte von Hunden zusammenkommen. Aufgrund der Inkubationszeit kann man nicht sofort erkennen, ob ein Hund infiziert ist.

## Parasiten

### Würmer

Von den verschiedenen Arten von Würmern, die der Welpe und Junghund aufweisen kann, kommt wohl der Spulwurm am häufigsten vor. Trotz der Entwurmung der Mutterhündin und der Welpen durch den Züchter kann es passieren, daß Spulwürmer sich entwickeln oder noch latent vorhanden sind. Daher sollte man zur Impfung eine Kotprobe mitnehmen, die vom Tierarzt untersucht wird. Notfalls müssen Sie dann noch einmal ein Wurmmittel geben. Besonders in einem Haushalt mit Kindern muß der Hund regelmäßig entwurmt werden, da einige Wurmarten beim Menschen zu ernsthaften gesundheitlichen Schäden führen können.

UNSER TIP

**Man kann beim Tierarzt einen „Entwurmungsplan“ erhalten, in dem Daten und verwendete Präparate eingetragen werden.**

## Flöhe

Sie spielen im Zusammenhang mit Wurmbefall eine wichtige Rolle, da sie als Zwischenwirt im Larvenstadium Bandwurmeier aufnehmen, was zur Entwicklung der Bandwurmfinne führt. Die Finne ist ein winziges, blasenförmiges Gebilde, das von dem nunmehr ausgewachsenen Floh beherbergt wird, und zwar nicht als einzelnes Exemplar, sondern bis zu 50 (!) Finnen pro Floh.
Verschluckt der Hund beim täglichen Fellputzen den Floh, so entwickelt sich innerhalb einer Woche der Bandwurm, wenn der Hund den Floh „aufgeknackt“ hat.

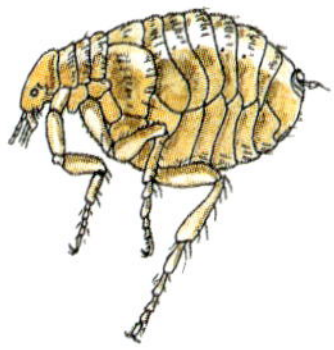

*Ein Hundefloh in 7facher Vergrößerung*

**Wichtig:** Für den Menschen extrem gefährlich ist der dreigliedrige Bandwurm *(Echinococcus granulosus)*. Die Entwicklung dieses Bandwurms im menschlichen Organismus (Leber, Lunge und Gehirn) führt in der Regel zu lebensbedrohlichen Krankheitserscheinungen.

Flohbefall ist also unter allen Umständen zu vermeiden! Hauptsächlich von April bis Oktober ist mit Flohbefall zu rechnen, und selbst hygienisch einwandfrei gehaltene Hunde können sich so einen ungebetenen Gast einfangen, da Flöhe über ein Sprungvermögen von mehr als einem Meter verfügen.

UNSER TIP

**Man kann den Hund vorbeugend mit Tivugon behandeln, einer Lösung, die man ihm in regelmäßigen Abständen zwischen den Schulterblättern in die Haut einreibt. Dieses über den Blutkreislauf wirkende Präparat, darf allerdings nicht für Welpen benutzt werden. Hier empfiehlt sich Program, ein Mittel in Tablettenform.**

Zwar gibt es auch sogenannte Flohhalsbänder; die verströmen aber meist einen starken Eigengeruch, der von der empfindlichen Hundenase wahrgenommen wird. Auch verlieren einige Fabrikate ihre Wirksamkeit, wenn sie naß werden.

## Die Hundeapotheke

### Fieberthermometer

Der erwachsene Hund hat eine Normaltemperatur von bis zu 38,5°C, der Welpe und Junghund sogar bis zu 39,5°C.
Auch körperliche Bewegung läßt die Temperatur über 39°C ansteigen.
Da Fieber oft auf Entzündungen hinweist, muß unbedingt der Tierarzt aufgesucht werden, wenn es länger als einen Tag dauert oder sehr hoch ist.
Fieber wird immer im Darm gemessen, und es empfiehlt sich, das Thermometer vor dem Einführen mit Vaseline einzufetten.

### Desinfektionsspray oder -lösung

Chloramphenicol-Spray oder Betaisodona-Lösung eignen sich gut, um Wundinfektionen vorzubeugen. Besonders nach Raufereien muß man, auch wenn die Wunde scheinbar nur oberflächlich ist, unbedingt desinfizieren, da der bakterienhaltige Speichel des Hundes aus einer harmlosen kleinen Wunde einen üblen Eiterherd machen kann.

*Soll der Hund untersucht oder behandelt werden, so ist das Schnauzenband ein wirksamer Beißschutz: Dazu ein stabiles Band unter der Schnauze verknoten, dann die beiden Enden des Bandes hinter den Ohren des Hundes durchziehen und im Nacken fest zusammenbinden*

**Nicht vergessen**

- Wiederholungsimpfung in der 12. bis 14. Woche, danach einmal jährlich.
- Impfpaß zum Tierarzt mitnehmen.
- Kot auf Wurmbefall untersuchen lassen.
- Anti Flohmittel mitgeben lassen.

### Sterile Wundauflagen und Binden

Sie dienen zur einstweiligen Versorgung von blutenden Wunden.

### Ohrreinigungslotionen

Ein sauberes Tuch wird mit Lotion getränkt und nur der sichtbare Bereich des Ohres damit gereinigt. Ohrenstäbchen haben im tieferen Teil des Hundeohres nichts zu suchen, es besteht Verletzungsgefahr!

### Zeckenzange

Die milden Winter haben dazu geführt, daß Zecken nicht vernichtet sondern immer zahlreicher werden, so daß der Hund immer häufiger befallen wird.
In Apotheken und Zoofachgeschäften gibt es die Zeckenzange zu kaufen. Damit kann man die Zecke leicht aus der Haut herausdrehen, und zwar gegen den Uhrzeigersinn. Entscheidend ist, daß der Kopf des Schädlings entfernt wird, weil er andernfalls Entzündungen verursacht.

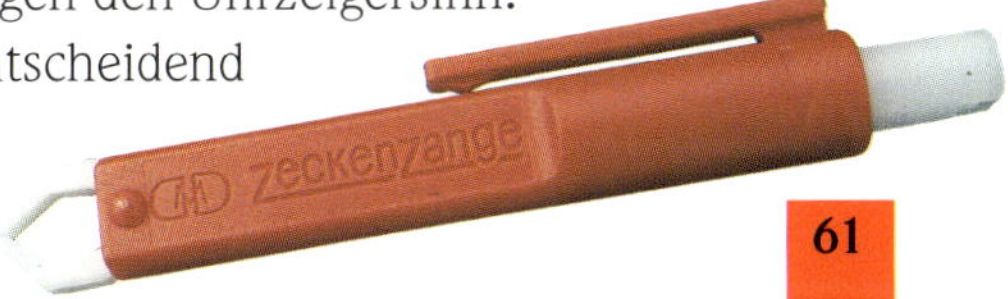


### Pinzetten

Sie dienen zur Entfernung von eingetretenen Dornen usw. Alle weiteren Arzneimittel sollte man als Laie nur nach Anweisung des Tierarztes verabreichen!

## Das HD-Röntgen

Zu einer möglichst vollständigen Gesundheitsvorsorge gehört auch das Röntgen der Hüften auf Hüftgelenksdysplasie.
Es kann ab dem 15. Lebensmonat, das sogenannte Vorröntgen auch früher, vorgenommen werden. Auch wenn der Hund nicht in die Zucht soll, so kann man doch für die Haltung bzw. die Belastungsfähigkeit des Hundes wertvolle Erkenntnisse gewinnen.

# Sozialisation des Hundes

## Was ist „Sozialisation“?

Unter Sozialisation ist der Anpassungsprozeß zu verstehen, den der Welpe/der Junghund durchmacht, in dem er sein Lebensumfeld mit allen belebten und unbelebten Objekten erkundet und lernt, sich darin zurechtzufinden. Bereits beim Züchter hat die Sozialisation begonnen, indem der Hund Erfahrungen im Zusammenhang mit der Mutterhündin, mit seinen Geschwistern und vielleicht mit anderen im Haushalt lebenden Tieren und natürlich auch mit Menschen gemacht hat.
In seinem neuen Zuhause muß dieser Prozeß vom ersten Tage an fortgesetzt werden. Dazu gehört, den Hund vielfältigen Umweltreizen auszusetzen, jedoch wohldosiert, um ihn nicht mit Reizen zu überfluten.

### Wir machen neue Bekanntschaften

Nach einer Eingewöhnungszeit von 2 bis 3 Tagen sollten (wenn der Hund in einem kinderlosen Haushalt lebt), Nachbarskinder eingeladen werden, die mit dem Hund spielen. Der Hund muß in dieser Phase gute Erfahrungen machen, nicht nur mit Kindern, sondern mit allen Lebewesen und in allen alltäglichen Situationen. Nur so entwickelt er ein stabiles Vertrauen in seine Umwelt. Der Idealfall wäre, wenn man während des ganzen ersten Lebensjahres und vielleicht noch darüber hinaus einschneidende negative Erfahrungen von ihm fernhalten könnte.

**Wichtig:** Schlechte Erfahrungen können Schocks auslösen, die unter Umständen ein ganzes Hundeleben lang wirksam bleiben!

## Auf den Umgang achten!

Es kann vorkommen, daß der Junghund einem Artgenossen begegnet, bei dem die instinktive Beißhemmung nicht funktioniert; diese natürliche Einrichtung schützt den Welpen und Junghund vor aggressiven Attacken anderer Hunde. Wird der junge Hund also ernsthaft gebissen, so wird er zeitlebens vor allen Vertretern dieser Rasse oder vor Hunden mit ähnlichen äußeren Merkmalen ängstlich davonlaufen. Oder er zeigt Defensiv-Aggression, das heißt, er wartet gar nicht erst ab, ob von dem anderen wirklich eine Gefahr ausgeht, sondern aktiviert die eigene Aggression vorsichtshalber nach dem Grundsatz: „Bevor der andere mir etwas tun kann, greife ich ihn lieber selbst an." Das bedeutet aber nicht, daß man seinen Hund nun ängstlich von allen anderen Hunden fernhalten muß, sondern man muß die anderen Hunde aufmerksam beobachten, um zu erkennen, ob Gefahr droht. Spricht man mit anderen Hundebesitzern, so erhält man schon oft die Warnung vor einem bestimmten Hund, der gerne rauft oder zubeißt.

*Der Hund sollte sehr früh mit möglichst vielen Situationen vertraut gemacht werden*

## Wir machen neue Erfahrungen

Einer erfolgreichen Sozialisation förderlich sind, neben zahlreichen Kontakten mit freundlichen Menschen und Artgenossen, Unternehmungen wie Stadtbesuche, Restaurantbesuche, Autofahrten, Besuche in fremden Häusern mit und ohne tierische Bewohner, Einkaufen mit Warten vor dem Geschäft und Mitnahme in das Geschäft, Besuch des Bahnhofs u. ä., Tierarztbesuche, Rundgänge über Jahrmärkte u. ä., Hundeausstellungsbesuche und Welpenspieltage. Innerhalb der ersten 6 Monate sollte der Hund mit allen beschriebenen Orten und Situationen zumindest einmal positive Erfahrungen gemacht haben.

## Sozialisationserfordernisse

Man hüte sich aber davor, den Hund zu überfordern, indem man das ganze Programm in ein bis zwei Tagen durchlaufen will.

**Wichtig:** Die Anpassung an die Umwelt muß schrittweise erfolgen und ist von der individuellen Belastbarkeit des Hundes abhängig.

In einer Zeit, in der Mensch und Tier in ihrem Verhalten immer mehr reglementiert und eingeschränkt werden, ist es wichtig, den Hund an die Erfordernisse der Umwelt anzupassen, denn daß es auch Menschen gibt, die Hunden mit Ablehnung gegenüberstehen, wird niemand bestreiten. Um so wichtiger ist es, daß unser Riese immer einen positiven Eindruck macht, denn was man bei kleinen Hunden belächelt, wird großen Hunden oft nicht verziehen.
Richtet man die Erziehung an den sozialisatorischen Erfordernissen aus, so hat man nach Ablauf eines Jahres einen Hund, um dessen Gelassenheit man beneidet wird.
Zugegeben, die hohe Reizschwelle beim Neufundländer – wie beim Landseer – bietet dem Besitzer eine hervorragende Grundlage für erzieherische Einwirkungen; sie entbindet ihn aber keineswegs davon, den Hund Schritt für Schritt durch den Sozialisationsprozeß zu führen.

# Erziehung des Hundes

## Die Bedeutung von Hundeerziehung

Erziehung ist der geplante Einsatz bestimmter Mittel und Methoden zur Erreichung eines Ziels, abgestimmt – und das ist ganz besonders wichtig – auf das individuelle Verhalten eines Hundes. Dazu kann auch das Arrangieren von bestimmten Situationen gehören, mit denen ein bestimmtes Verhalten des Hundes provoziert werden soll, so daß man mit angemessenen Mitteln reagieren kann.

### Wer ist hier der Boss?

Hoffentlich können Sie diese Frage ohne zu zögern mit „Ich!" beantworten. Denn einem Hund gegenüber, der nicht eben zur Unterordnung neigt und der in absehbarer Zeit mehr als 50 kg wiegen wird, ist Ihre Autoritätsstellung absolut unerläßlich.

*Sein treuer Blick darf Sie nicht von einer konsequenten Erziehung abhalten*

## Grundregeln der Erziehung

Antiautoritäre Erziehung? Nicht beim Hund!
Zu beachten sind folgende Grundregeln:

- Erziehung vom ersten Tag an.
- Einmal erlaubt, immer erlaubt!
- Einmal verboten, immer verboten! (Konsequenz)
- Zuckerbrot und Peitsche (Erwünschtes Verhalten wird belohnt, unerwünschtes Verhalten wird bestraft oder – selten – ignoriert.)
- Lob und Strafe müssen der jeweiligen Hundepersönlichkeit entsprechen und sofort auf das Verhalten folgen.
- Hörzeichen müssen eindeutig und gleichbleibend sein (Sitz, Platz, Steh, Bleib, Aus, Pfui…).

Der Hund ist ein Gewohnheitstier und lernt aus Erfahrung. Besonders schnell lernt er Dinge, die für ihn mit Wohlbefinden verknüpft sind. Hat er beispielsweise ein paarmal die vorbe-

reitenden Handlungen seines Menschen vor der Fütterung erlebt, so wird er sich schon einige Zeit vorher in der Nähe der Küche einfinden und mit Zeichen freudiger Erwartung alles aufmerksam beobachten.

### Rangordnung

Der Hund ist von seinem arteigenen Verhalten her auf das Leben in einer sozialen Gruppe angelegt. Dazu gehört die Rangordnung der in der Gruppe lebenden Mitglieder. Da Menschen für den Hund „Ersatz-Artgenossen" sind, erwartet er von uns, daß wir ihn artgerecht behandeln.

**Wichtig:** Es ist selbstverständlich, daß der Hund, wenn er mit uns lebt, eine untergeordnete Stellung haben muß.

Es gibt zahlreiche Beispiele für fehlerhafte Erziehung im Bereich „Rangordnung". So gibt es Rüden, die aggressiv werden, wenn Herrchen ins eheliche Bett möchte, oder Hündinnen, die ihren Korb mit Bissen gegenüber dem Besitzer verteidigen, sowie Hunde, die Körperpflegehandlungen mit deutlichem Drohverhalten im Ansatz verhindern. Die Liste ließe sich beliebig fortsetzen.

### Wie verhindert man Fehlverhalten?

Durch die strikte Einhaltung der anfangs aufgeführten Grundregeln!

## Gewöhnung an das Halsband

Sollte der Welpe vom Züchter noch nicht an ein Halsband gewöhnt worden sein, so lege man es ihm am besten kurz vor der Fahrt nach Hause um. Da der Welpe durch die neuen Ereignisse abgelenkt ist, findet er höchstwahrscheinlich gar keine Gelegenheit, das neue Objekt um seinen Hals wahrzunehmen.
Als erstes Halsband hat sich ein feingliedriger Kettenwürger (s. nebenstehende Abb.) bewährt, der trotz seines drastischen Namens das ideale Anfangs- und Erziehungshalsband ist.

## Unser Tip

**Da die Größe des Kettenwürgers auf den Hundehals abgestimmt werden soll, benötigen Sie 2–3 Modelle in verschiedenen Größen, bis der Hund ganz ausgewachsen ist.**

Dieses Halsband hat den Vorteil, daß es sich ganz zuziehen kann. So wird verhindert, daß der Hund durch das Halsband schlüpft und wegläuft. Die Erziehung zur Unterordnung, insbesondere zur Leinenführigkeit, gelingt mit diesem Halsband am besten, denn es ermöglicht per Leinenruck einen Strafreiz auf den Hund auszuführen, wenn es geboten erscheint. Wenn der Hund später gut gehorcht, kann man das Kettenband immer noch gegen ein Leder oder Segeltuchhalsband austauschen.

**Wichtig:** Ein ausgewachsener Hund, der ruckartig vorwärts in die Leine springt, kann mit einem breiten Lederhalsband nur noch von einem durchtrainierten, kräftigen Mann gehalten werden!

Viele Neubesitzer machen den Fehler und kaufen ein breites, schön verziertes Lederhalsband – eventuell noch auf Zuwachs – vergessen dabei aber, daß es für Hunde dieses Kalibers sehr bald völlig unangemessen sein wird. Spätestens im 6./7. Lebensmonat hat der Hund so viel an Gewicht zugelegt, daß er von einer Frau nicht mehr zu halten ist.

*Für die Erziehung so großer Hunde empfehlen sich Würgehalsbänder wie der Kettenwürger (links) oder der Lederwürger (Mitte). Ein Segeltuchhalsband (rechts) ist weniger gut geeignet*

UNSER TIP

**Sollte man die Erfahrung machen, daß man seinen Hund nicht mehr mit Leine und Halsband halten kann, empfiehlt sich die Anschaffung eines „Haltis".**

Dies ist ein Kopfhalfter (siehe Abb. oben) und wirkt über günstigere Hebelverhältnisse als die normale Ausrüstung. Es ahmt zudem das „Über-die-Schnauze-Beißen", auch „Schnauzgriff" genannte Strafmittel des überlegenen Hundes bzw. Menschen nach. Mit diesem Kopfhalfter ist es auch für Menschen, die weniger Körpergewicht aufweisen als ihr Hund, möglich, das Tier mit einer Hand zu halten.

## Aggressivität an der Leine

Oft zeigen Hunde, sobald sie sich an der Leine befinden, aggressives Verhalten. Hunde fühlen sich – verbunden mit ihrem Menschen – sehr stark und tun dies laut durch Knurren usw. kund. Die Erfahrung hat gezeigt, daß diese Eigenart unterbleibt, wenn der Erstkontakt zu fremden Hunden im ersten Lebensjahr an lockerer(!) Leine stattfindet. Wenn der Junghund knurrt, kann man blitzschnell mit einem scharfen Leinenruck in Verbindung mit kräftigem(!) Nackenschütteln die Aggression hemmen. Wenn der Erstkontakt reibungslos verlaufen ist, sollte der Hund aber die Möglichkeit haben, ohne Leine mit dem anderen zu spielen und dabei wieder etwas sozialen Umgang zu üben.

## Erziehungsmittel beim Hund

Der Hund lernt aus Konsequenzen. Für ihn gibt es positive Konsequenzen, die er lustvoll erlebt, und negative Konsequenzen, die ihm Unlust oder gar Schmerz bereiten. Alle Mittel, die dazu dienen, ein erwünschtes Verhalten des Hundes hervorzurufen, nennt man positive Verstärker.

| Positive Verstärker |
| --- |
| ◆ Futter |
| ◆ Lob mit der Stimme |
| ◆ Streicheln, Tätscheln, Zuwendung allgemein |
| ◆ Spielen, zum Beispiel mit seinem Lieblingsspielzeug |
| ◆ Werfen von Stöcken usw. |
| ◆ Laufen, Rennen |

Als Strafe gelten alle Einwirkungen (Reize) die darauf abzielen, ein unerwünschtes Verhalten abzustellen, zu hemmen.

**Wichtig:** Alle Maßnahmen, egal ob positive Verstärker oder Strafreize, müssen sofort auf das jeweilige Verhalten folgen.

Will man ein Verhalten aufbauen, so belohnt/verstärkt man zunächst jedesmal, wenn der Hund es zeigt. Ist es sicher im Verhaltensrepertoire des Hundes verankert, so reicht es, ab und zu zu verstärken, Dies sichert, daß das Verhalten beibehalten wird. Auch komplexere Verhaltensweisen, wie zum Beispiel das Apportieren werden so aufgebaut. In diesem Fall verstärkt man Teilschritte, es wird also schon das Hinlaufen zum Apportiergegenstand gelobt, bevor dann das Bringen geübt wird.

| Strafreize |
| --- |
| ◆ strenger Tonfall (Hörzeichen: „Pfui! Nein!“) |
| ◆ kräftiger(!) Leinenruck, unter Umständen mit beiden Händen gleichzeitig ausgeführt |
| ◆ kräftiges Nackenschütteln, bis der Hund quietscht |
| ◆ fest von oben über die Schnauze fassen und die Lefzen gegen die Zähne drücken |
| ◆ Ignorieren des Hundes |
| ◆ schreckauslösende Geräusche, z.B. Ultraschall, oder unerwartete, plötzliche Wassergüsse |

## Erziehung zur Stubenreinheit

Kommt der Welpe ins neue Heim, ist er normalerweise noch nicht stubenrein und weiß auch noch nicht, was die Menschen damit im Sinn haben. Der erste wichtige Grundsatz: Möglichst ständige Beobachtung des Welpen, denn er „muß“ alle zwei bis drei Stunden!

Welpen verrichten üblicherweise ihr Geschäft

- nach dem Spielen
- nach dem Schlafen
- nach dem Fressen
- nach dem Trinken
- nach auffälligem Herumsuchen und Schnüffeln auf dem Boden.

Besonders im letzten Fall ist schnelle Reaktion des Menschen gefordert – dies ist der zweite Grundsatz!

Man trägt den Winzling sofort, jedoch ohne Eile und Aufregung anfangs immer an den Platz im Garten, an dem er sich lösen darf. Durch die häufige Wiederholung verknüpft der Welpe Geschäft und Ort. Unmittelbar nach Erledigung lobt man den Hund überschwenglich.

Der Hund muß sehr deutlich die positive Konsequenz seines korrekten Verhaltens erfahren.

Regelmäßige und pünktliche Fütterung ist für die Stubenreinheit von großer Bedeutung; nach einiger Zeit kennt man den Rhythmus und weiß, wann wieder ein Haufen fällig ist.

*Bei einem solchen Gespann müssen alle Hunde leinenführig sein*

Geht mal ein Geschäft „in die Hose“, beziehungsweise auf den Teppich, weil man nicht aufgepaßt hat, kann man das nur ignorieren. Strafe ist sinnlos, da sie immer sofort auf das unerwünschte Verhalten folgen muß; der Welpe könnte die Pfütze nicht mit der Strafe verknüpfen!

**Wichtig:** Von volkstümlichen „Erziehungsmaßnahmen“ wie Schläge mit der Zeitung oder gar die Nase des Hundes in den Urin zu stoßen ist dringend abzuraten!

Verhält man sich bei der Erziehung zur Stubenreinheit konsequent, wird der Welpe schon nach ein bis zwei Wochen stubenrein sein. Bei Hündinnen kann es unter Umständen etwas länger dauern. Ab und zu kann noch einmal in den ersten Monaten ein Malheur passieren; aber dann sollte man sich fragen: Was habe ich falsch gemacht?

## Leine und Leinenführigkeit

Unter Leinenführigkeit versteht man, daß der Hund an locker durchhängender Leine links neben uns herläuft, und zwar auf der Höhe unseres linken Beins.

Am besten wartet man, bis der Hund von sich aus diese Position einnimmt, und verknüpft nunmehr sein Verhalten mit dem Hörzeichen „Fuß!", freundlich-aufmunternd gesprochen. Bleibt der Hund einige Meter in dieser Position, während er, ohne an der Leine zu zerren, neben uns herläuft, loben wir und verwenden dabei die Worte :„Braaaav, Fuß." Gleichzeitiges kurzes Streicheln des Kopfes oder Klopfen an unseren linken Oberschenkel unterstützen unsere Bemühungen.

In der Prüfungssituation, zum Beispiel während der Begleithundprüfung, beginnt man die Leinenführigkeit aus der Sitzposition des Hundes. Der Hund sitzt dann parallel zu uns auf der linken Seite. Man gibt dann das Hörzeichen:„Fuß!", und man geht gleichzeitig mit dem Hund an. Anfangs wird man gleichzeitig mit dem Hörzeichen einen kurzen Leinenruck ausführen, der das verbale Signal unterstützt.

*Sieht schon ganz ordentlich aus!*

## Grundgehorsam

### „Sitz!“

Die Sitzübung gehört zum Einmaleins der Hundeerziehung. Man kann sie auf zweierlei Art trainieren. Einerseits kann man warten, bis der Hund sich anschickt, von alleine die Sitz-Position einzunehmen. Man gibt dann sofort – wieder mit freundlicher Stimme – das Hörzeichen „Sitz!“ und lobt den Hund sofort. Wenn man die Übung mehrfach wiederholt, wird der Hund schnell begreifen, was von ihm erwartet wird.

Bei der zweiten Übung steht der Hund angeleint links neben uns. Wir geben das Hörzeichen „Sitz!“ und drücken gleichzeitig die Kruppe des Hundes sanft, aber bestimmt nieder, während die rechte Hand mit der senkrecht nach oben gespannten Leine den Kopf des Hundes in Position hält. Sitzt der Hund parallel neben uns, wird gelobt und die Leine wird sofort locker gelassen.

Auch hier stellt die häufige Wiederholung in allen Alltagssituationen den Erfolg sicher.

### „Platz!“

Sie ist eine der wichtigsten Übungen. Der Hund verweilt auf das Hörzeichen „Platz!“ hin dort, wo ihn der Hundeführer abgelegt hat, und er darf erst dann wieder aufstehen, wenn ein neues Hörzeichen vom Herrchen gegeben wird.

**Wichtig:** Jedes gegebene Hörzeichen wird erst durch ein anderes aufgehoben. Also, zum Beispiel, „Lauf" oder „Hopp", wenn der Hund „freigegeben" wird. Dies gilt für alle Übungen!

Die Situationen, in denen der Hund die Platzübung sicher beherrschen muß, sind vielfältig. Ob beim Transport im Auto, beim Einkaufen, im Haus, wenn der Hund naß von draußen hereinkommt und sich erst einmal für eine Weile auf seine Decke legen soll, im Restaurant – Gelegenheiten ergeben sich täglich mehrfach. Man geht nach der gleichen Methode vor wie bei der Sitzübung. Man wartet, bis der Hund sich niederlegen will und verknüpft dann sein Verhalten mit dem Hörzeichen „Platz!" und lobt sofort wieder, allerdings eher verhalten, damit der Hund nicht wieder aus lauter Freude aufspringt.

Die zweite Methode ist wieder das Einüben an der Leine. Der Hund befindet sich dabei in der Sitz-Position. Man gibt das Hörzeichen „Platz!" und führt den Leinenruck nun in Richtung Boden aus. Zusätzlich kann entweder mit der linken Hand Druck auf die Schulter ausgeübt werden, oder man kann mit der rechten Hand vor dem Hund auf den Boden klopfen und aufmunternd das Kommando wiederholen (s. Abb. oben). Hartnäckigen Vertretern kann man die Vorderbeine nach vorne ziehen und sie so in die Platz-Position bringen (s. Abb. oben). Ein paar Leckerchen in dieser Lage machen den Hund williger.
Eine strenge Methode, die für besonders störrische und dominante Hunde anzuwenden ist, funktioniert so:
Der Hund befindet sich wieder in der Sitz-Position parallel zu uns. Die Leine wird von der rechten Hand

*Wenn Frauchen einem die Vorderpfoten wegzieht, bleibt einem ja nichts anderes übrig, als „Platz“ zu machen*

gehalten und hängt U-förmig durch. Wir steigen nun mit dem linken Fuß auf die durchhängende Leine, treten sie so kräftig wie möglich nieder und geben energisch das Kommando „Platz!“. Sobald der Hund in korrekter Position liegt, lockern wir die Leine und nehmen so den unangenehmen Druck weg. Anschließend loben wir verhalten.

**Hinweis:** Wie man sieht, führen viele Wege nach Rom. Welche Vorgehensweise sich für den eigenen Hund empfiehlt, hängt davon ab, ob er ein „Sensibelchen“ oder ein dominanter Kraftprotz ist, wobei letzterer eher bei den Rüden als bei den Hündinnen anzutreffen ist.

**„Aus!“**

Dieses nahezu überlebenswichtige Kommando gehört zum absolut notwendigen Grundgehorsam. Dieses Unterlassungsverhalten ist ebenfalls vom ersten Tag an und mehrfach die Woche wiederholt und bei den verschiedensten Anlässen zu trainieren. Als Ranghöherer sollte man jederzeit seinen Hund veranlassen können, aufgenommene Gegenstände oder verdächtiges, das heißt, möglicherweise vergiftetes Futter, herzugeben. Selbstverständlich gilt dies auch für Kauknochen, Spielzeug und den Futternapf!

Trainiert man dieses Verhalten nicht zuverlässig, so kann es passieren, daß, wenn der Hund etwa anderthalb Jahre, also sozusagen in der „Pubertät“ ist, man es nicht mehr wagt, ihm etwas wegzunehmen. Was beim Welpen noch belächelt wurde, löst nunmehr beim Besitzer, der ja eigentlich der Ranghöhere sein sollte, Angst aus, die der Hund sofort wahrnimmt. Weil er mit seinem aggressiven Verhalten Erfolg gehabt hat, probiert er es beim nächsten Mal wieder. So kann die unhaltbare Situation eintreten, daß der Hund die Stellung des Rudelführers einnimmt, was gerade bei einem so großen Hund gefährlich werden kann.

*Wie veranlasse ich einen Hund, etwas aus dem Maul zu geben?*
Man faßt mit der Hand von oben über den Fang des Welpen, drückt die Lefzen fest gegen die Zähne, eventuell bis der Hund maunzt, gibt das Kommando „Aus!“ und lobt unmittelbar, nachdem der Hund den Gegenstand hergegeben hat. Diese Übung ist häufig zu wiederholen. Wichtig ist dabei, daß der Hund anfangs den heißbegehrten Gegenstand wieder erhält. Man gibt dazu das Erlaubnis signalisierende Hörzeichen „Nimm!“.

**Das Herankommen**
Wir nehmen den Hund an die lange Leine und lassen ihn Platz machen. Wir stellen uns vor den abgelegten Hund, geben das Hörzeichen „Hier!“ und rucken kurz an der Leine. Kommt der Hund daraufhin zu uns, loben wir oder geben ein Leckerchen.
Man kann auch, während der Hund herankommt, ein paar Schritte rückwärts gehen und zieht den Hund sanft in die gewünschte Richtung.
Bei der Begleithundeprüfung muß der herankommende Hund dann automatisch vor seinem Hundeführer die Sitz-Position einnehmen, dann auf das Hörzeichen „Fuß!“ hin von rechts hinter dem Hundeführer herumgehen und links von ihm wieder die Sitz-Position einnehmen.
Schon mit dem Welpen muß diese Übung trainiert werden. Der Welpe befindet sich an langer Leine, und man ruft seinen Namen in Verbindung mit dem Hörzeichen „Hier!“. Dazu kann man noch in die Hände klatschen. Kommt der Hund, so lobt man ihn überschwenglich und schickt ihn mit dem Hörzeichen „Hopp!“ oder „Lauf!“ wieder weg. Diese wichtige Übung muß man täglich vornehmen, damit sich der Hund schließlich aus jeder Situation zuverlässig abrufen läßt.

## UNSER TIP

**Man beginnt mit dieser Übung zunächst nur, wenn keine starke Ablenkung, zum Beispiel ein anderer Hund, in der Nähe ist. Dieser Grundsatz gilt auch für alle anderen Übungen, die man aufbauen will.**

*Herankommen auf Pfiff*

Auch dies ist ganz einfach mit dem Welpen zu üben. Man geht mit dem gefüllten und duftenden Freßnapf zum Futterplatz des Welpen, während eine andere Person ihn festhält. Nun pfeift man, der Welpe kommt in freudiger Erwartung des Futters und verknüpft nach einiger Zeit den Pfiff mit der angenehmen Konsequenz des Fressens.

Besonders beim Urlaub am Meer, wo schon einmal der starke Wind die Stimme davonträgt, bewährt sich die lautere Pfeife.

Etwas Weiterbildung hat noch nie geschadet! Es empfiehlt sich daher, besonders wenn man zum ersten Mal Hundebesitzer ist, Erziehungskurse für Hunde aller Rassen zu besuchen. Erstens hilft es, Fehler zu vermeiden, zweitens hat der Hund Kontakt zu anderen Hunden und Ablenkung durch sie, und drittens hat man selbst viel mehr Spaß daran, unter Gleichgesinnten zu üben.

An Kursen, die zur Begleithundeprüfung führen, sollte man schon recht früh mit seinem Hund teilnehmen. Ab dem 5./6. Monat ist zwar eine ganze Übungsstunde noch zuviel für den Hund, aber er kann doch minuten- oder phasenweise, je nach individueller Bereitschaft, einfache Übungen unter Ablenkung durch andere Hunde und Menschen mitmachen. Äußerst lehrreich sind dabei die Begegnungen mit unterschiedlichen Rassen und Mischlingshunden.

## Spiel und Spaß

**Betätigung zu Lande...**
Was Hund und Mensch gleichermaßen Freude macht, ist der Turnierhundesport oder eine neuere Disziplin, Agility. In diesen beiden Sportarten gilt es, zum Teil für Mensch und Hund, Hindernisse zu überwinden, durch Slalomstangen zu laufen oder unterschiedlich lange Laufstrecken zu meistern. Allerdings ist auch hierfür zuerst eine sichere Unterordnungsleistung als Grundlage zu erarbeiten.

UNSER TIP

**Innerhalb der Neufundländer- und Landseer-Clubs gibt es Trainingsgruppen, die Erziehungshilfe anbieten.**

**Wichtig:** Man sollte aber den jungen Hund einer großen Rasse – bis anderthalb Jahre – keine hohen Sprünge ausführen lassen, da das noch unfertige Skelett und die Bänder zu sehr belastet werden (s. S. 44).

Dem etwas älteren Hund können allerdings Sprünge innerhalb der im Turnierhundesport vorgeschriebenen Höhe zugemutet werden. In der Zwischenzeit kann man den Hund über niedrigere Hindernisse, zum Beispiel dicke Baumstämme, gehen lassen, um ihn auf die späteren Anforderungen vorzubereiten.
Voraussetzung für das Springen ist aber eine gesunde Hüfte (vgl. Ausführungen über die HD S. 16).
Inwieweit der Hund zu belasten ist, muß individuell entschieden werden. Es gibt bei beiden Rassen Hunde, die relativ leichter gebaut und damit belastbarer sind als Rassegenossen mit der Figur einer Aussteuertruhe. Wenn er seinen Besitzer beim Joggen oder beim Radfahren begleiten soll, ist es für die Gesundheit des Hundes unerläßlich, daß man dem Körperbau, dem Gewicht, dem Alter, der Lauffreudigkeit, der Kondition und der Witterung Rechnung trägt. Wichtig sind schrittweise Gewöhnung und langsame Steigerung der Anforderungen.

## ...und zu Wasser

Beobachtet man Neufundländer und Landseer in Wassernähe, so kann man deutlich freudige Erregung feststellen. Die optimale Beschäftigungs- und Bewegungsform für (ehemalige) Wasserarbeits- und Rettungshunde ist natürlich das Schwimmen und sogar die systematisch trainierte Wasserarbeit. Diese Wasserarbeit besteht aus folgenden Aufgaben:

- Apportierübungen (Spielzeug, Leinen, an denen leere oder bemannte Boote hängen)
- Tauchen nach Gegenständen
- Distanzschwimmen
- Rettung von Menschen
- Bringen von Objekten (z.B. ein Ruder zum Boot bringen)
- Springen von Stegen u.ä.

**Hinweis:** Die Gewöhnung des Welpen und Junghundes an das Wasser muß mit viel Aufmunterung, vor allem Geduld und Ruhe von Seiten des Menschen vor sich gehen – und mit vielen positiven Erlebnissen verbunden sein.

Hunde, die nicht sofort das nasse Element annehmen, gewöhnt man daran, indem man zunächst im seichten Wasser mit ihnen spielt, sie beispielsweise ihr Lieblingsspielzeug apportieren läßt. Es hilft auch, wenn der Besitzer zuerst ins Wasser geht und sich nach und nach vom Ufer entfernt. Dabei sollte der Hund immer wieder freundlich gerufen werden, bis er durch die Bindung an seinen Herrn oder sein Frauchen bewogen wird, nachzuschwimmen.
Wer in der Nähe eines Gewässers wohnt, sollte schon dem Welpen ermöglichen, sich an das Wasser zu gewöhnen, damit die noch immer vorhandenen Anlagen für die Wasserarbeit zur Entfaltung kommen. Das Schwimmen ist für Hunde jeden Alters eine sehr gesunde Bewegungsart, da es Bänder und Knochen schont und für feste Bemuskelung sorgt.
Es ist aber darauf zu achten, daß der Hund sich einigermaßen trocken laufen kann. Dies gilt besonders bei kühleren Temperaturen. Auf einen zugfreien Ruheplatz muß nach dem Schwimmen besonders geachtet werden.

## Zughunde

Manche Hunde machen sich auch als Schlitten- und Wagenzughunde nützlich, da sie ein Vielfaches ihres Eigengewichtes ziehen können. Zu diesem Zweck gibt es im Hundezubehörhandel Zuggeschirre zu kaufen, an die man Schlitten oder Wagen anhängen kann.

Man sollte die Hunde aber nicht sofort vor ein beladenes Gefährt spannen, sondern auch hier sind die Anforderungen schrittweise zu steigern. Das bedeutet, der Hund muß zunächst an das Geschirr gewöhnt werden. Später wird der noch nicht beladene Wagen angehängt, und der Hund muß ihn zunächst leer ziehen. Wichtig ist, daß in dieser Gewöhnungsphase der Wagen nicht in die Hinterbeine des Hundes fährt, was ihn veranlassen könnte, alle Zugbemühungen einzustellen.

Etliche Hunde sind eifrige Träger von Zeitungen oder Einkaufskörben. Welche Beschäftigung dem eigenen Hund liegt, muß man durch den täglichen Umgang mit ihm herausfinden.

**Wichtig:** Der Hund muß eine Aufgabe bekommen, denn nur ein Hund, der eine seinen Fähigkeiten entsprechende Tätigkeit ausführen darf, ist auch ein zufriedener Hund!

# Die Pflege

## Fellpflege

Trotz seines überwiegend weißen Haarkleides ist der Landseer erheblich pflegeleichter und besser sauberzuhalten, als es auf den ersten Blick erscheint. Beim schwarzen und braunen Neufundländer ist es ähnlich. Hier verhindert zudem die dunkle Farbe, daß Schmutz die Optik verdirbt.
Aufgrund der gut durchfetteten Haare ist das Fell beider Rassen relativ pflegeleicht, da es gewissermaßen „selbstreinigend" ist. Selbst arg mit Schlamm verschmutzte Hunde sind, sobald das Haar trocken ist, wieder so sauber wie vorher, ohne daß Bürste, Kamm oder gar ein Bad nötig gewesen wäre.

Schmutz fällt nach und nach aus dem immer trockener werdenden Haar und kann bequem mit dem Staubsauger aufgenommen werden.
Es empfiehlt sich,

den verschmutzten Hund mit einem alten Badetuch kräftig abzureiben, so daß der größte Teil des Schmutzes vor der Tür bleibt. Ein Bad ist nur nötig, wenn sich der Hund in etwas Übelriechendem gewälzt hat oder wenn eine Ausstellung besucht werden soll. Dann soll man ein rückfettendes Shampoo benutzen, damit sich der natürliche Fettschutzmantel der Haut regenerieren kann.

**Hinweis:** Neufundländer und Landseer brauchen keine kostspieligen Behandlungen im Hundesalon!

Einmaliges gründliches Bürsten und Kämmen pro Woche reicht für das Fell des Landseers aus, da er in der Regel nicht so dichtes und langes Haar hat wie der Neufundländer. Neufis sollten häufiger gebürstet werden, da bei ihnen eher die Gefahr des Verfilzens besteht; das betrifft besonders die Ohrenfransen, die „Hosen" an den Hinterbeinen und den Achselbereich der Vorderbeine. Während des Fellwechsels, der im Frühjahr und Herbst stattfindet, muß häufiger gebürstet werden, um die losen Haare zu entfernen, weil sie Juckreiz auslösen können.
Mit etwas Übung können Hunde auch daran gewöhnt werden, sich mit dem auf niedrige Wattzahl eingestellten Staubsauger absaugen zu lassen. Ob und inwieweit der Hund haart,

*Besonders das Fell im Ohrbereich und an den Hinterbeinen (Abb. unten) muß regelmäßig gebürstet werden*

hängt auch von den Haltungsbedingungen ab. Allgemein haaren überwiegend im Haus gehaltene Hunde mehr als solche, die zum Beispiel draußen schlafen.
Auf alle Fälle sollte man als Besitzer eines langhaarigen Hundes über einen leistungsstarken Staubsauger verfügen.
Sind vor allem Neufundländer als Resultat mangelhafter Pflege erst einmal verfilzt, so hilft oft nur Abschneiden oder Scheren.

**Wichtig:** Verfilzungen begünstigen bei Veranlagung und zusammen mit feuchter Hitze das Entstehen von Ekzemen sowie Pilz- und Parasitenbefall.

## Ohrenpflege

Hier geht die Pflege ebenfalls schon in die Gesundheitsvorsorge über. Einmal die Woche – bei häufigem Schwimmen auch öfter – sollte man die Ohren kontrollieren, da Bakterien aus dem Wasser in das Ohr eindringen und Entzündungen verursachen können, die sehr schmerzhaft sind. Übler Geruch und dunkle Beläge im Ohr sind ein Alarmzeichen für einen sofortigen Tierarztbesuch.

Abschließend sei noch gesagt, daß Körperpflege nicht nur der Gesundheit und dem Aussehen des Hundes dient, sondern auch den intensiveren Kontakt zwischen Mensch und Hund fördert.

### Neufundländer und Landseer als Nutztiere

Die Haare, die der Hund beim Bürsten verliert, können gesammelt werden. Man kann sie nämlich verspinnen lassen und sehr warme Pullover daraus stricken, die aufgrund des ungewöhnlichen Materials durchaus als extravagant zu bezeichnen sind.

*Frauchen und Hund im „Partnerlook“ – ein molliger Winterpullover aus Landseerhaar*

*Das Zähneputzen sollte man bereits mit dem Welpen üben*

## Zahnpflege

Bei entsprechend veranlagten Hunden kann es, wie beim Menschen auch, zu vermehrter Zahnsteinbildung kommen. Monatliche Kontrolle der Zähne gibt Aufschluß über ihren Verschmutzungsgrad. Neigt der Hund zu Zahnstein, muß man ihm nach Bedarf die Zähne putzen. Dafür gibt es medizinische Zahncreme für Hunde.

Das Zähnezeigen und -putzen sollte man schon beim Welpen üben.

Um eine gründliche Zahnkontrolle zu gewährleisten, hebt man sanft (!) die Lefzen des Hundes nach oben, indem man mit der Hand von oben am Fang entlanggreift. Man wählt eine Situation, in der der Hund entspannt ist. Diese Zahnkontrolle wird auch auf Ausstellungen durchgeführt, und der Tierarzt ist dankbar, wenn er bei der Routineuntersuchung die Zähne leicht kontrollieren kann, ohne sich auf einen Ringkampf einlassen zu müssen.

*Hundegebiß mit zunehmendem Zahnsteinbefall*

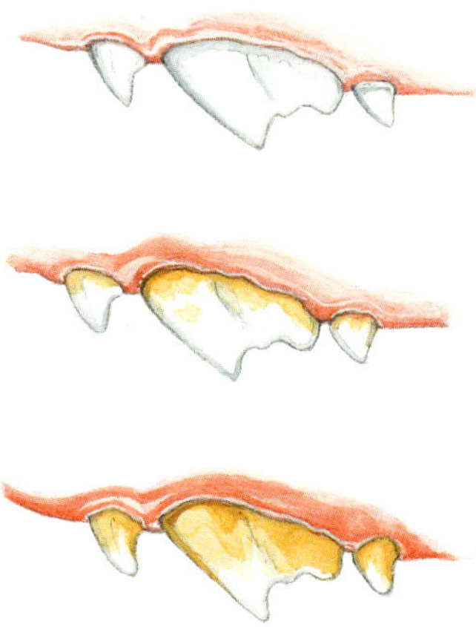

# Unsere Hunde auf Ausstellungen

## Die Bedeutung von Ausstellungen

Selbst wenn man nicht die Absicht hat, mit seinem Hund zu züchten, sollte man ihn zumindest einmal in der Jugendklasse (9–18 Monate) und dann in der Offenen Klasse (ab 15 Monate) ausstellen, da dies für den Züchter eine Rückmeldung darstellt. Gerade beim Landseer, der im Vergleich zum Neufundländer eine kleinere Zuchtpopulation aufweist, ist dies dringend geboten. Auf den internationalen Schauen des VDH und den Spezialzuchtschauen des jeweiligen Klubs wird eine Voraussetzungen zur Zuchtzulassung erworben. In der Regel sind dies zwei Bewertungen mit der Formwertnote „sehr gut“ und besser, die in der offenen Klasse erworben werden müssen. Außerdem sind Rassehundzuchtschauen immer eine willkommene Gelegenheit, mit anderen Rasseliebhabern Erfahrungen auszutauschen.

### Vor der Ausstellung

Etwa 3 bis 4 Tage vor der Ausstellung sollte man seinen Hund baden, damit das Haar Zeit hat, seinen natürlichen Fall anzunehmen. Ein frisch gebadeter Landseer beispielsweise sieht aus wie ein Angorakaninchen! Am Tag der Ausstellung wird der Hund noch einmal gründlich gebürstet und gekämmt.

*Bei Ausstellungen muß auch das Gebiß vorgezeigt werden*

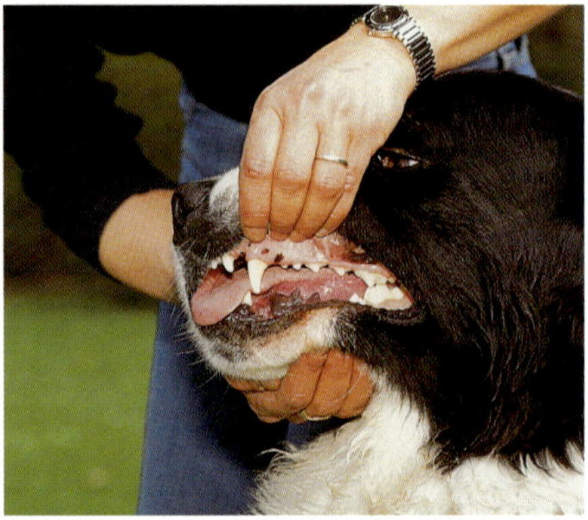

## Die Ausstellung

Der Hund wird im Ring an lockerer Leine im Laufschritt und im Normalschritt vorgeführt. Beim Laufen wird vor allem das Gangwerk begutachtet. Hunde, die die häusliche Erziehung zur Leinenführigkeit gut durchlaufen haben, präsentieren sich hierbei besonders vorteilhaft.
Ferner wird der Hund im Stand in die Standardposition gebracht, die Zähne werden auf mögliche Fehlstellungen hin untersucht, und der ganze Körper wird abgetastet, um die Bemuskelung zu prüfen. Manche Richter messen die Schulterhöhe mit einem Körmaß, so daß dies mit einem Zollstock o.ä. zu Hause geübt werden muß, denn manche Hunde reagieren mit Zurückweichen vor dem unbekannten Objekt.
Bei Rüden ist außerdem eine Kontrolle der Hoden durch Abtasten vorgeschrieben.
Eine ansprechende Präsentation des eigenen Hundes, die durchaus Pluspunkte in der Gesamtbewertung bringen kann, ist ein Kinderspiel, wenn man sich an die im Erziehungskapitel beschriebene Regel konsequent gehalten hat: „Erziehung vom ersten Tag an“.

**Wichtig:** Um seinen Hund an die Aufregungen einer Ausstellung zu gewöhnen, sollte man ihn möglichst schon in den ersten Monaten zu Ausstellungen mitnehmen, auch wenn man ihn noch nicht ausstellt.

*Neufundländer im Vorführring – bei dem braunen Exemplar wird die Bemuskelung abgetastet*

# Anhang

## Wichtige Adressen

### *Deutschland*

Verband für das Deutsche Hundewesen (VDH) e.V.
Westfalendamm 174
44141 Dortmund
Telefon: 02 31/5 65 00-0

Deutscher Hundesportverband (DHV) e.V.
Geschäftsstelle
Gustav-Sybrecht-Straße 42
44536 Lünen
Telefon: 02 31/8 79 49

Deutscher Neufundländer-Klub (DNK) e.V.
Bernhard Meyn
Drennhäuser Straße 23
21423 Drage
Telefon: 0 41 77/2 56

Verein von Neufundländerfreunden und -züchtern in Deutschland (VND) e.V.
Geschäftsstelle
Rendsburger Straße 21
24340 Eckernförde
Telefon: 0 43 51/57 17

Deutscher Landseer Club (DLC) e.V.
Geschäftsstelle
An der Perlenhardt 1e
53639 Königswinter
Telefon: 0 22 23/2 86 71

Verein von Landseer-Freunden und -Züchtern in Deutschland (VLD) e.V.
Geschäftsstelle
Helle Bieke 11
57439 Attendorn-Helden
Telefon: 0 27 22/81 76

*Urlaub mit dem Hund*
Zentrale für Landurlaub
Heerstraße 73
53111 Bonn
Telefon: 02 28/63 12 84
gibt das Buch „Ferien auf dem Lande" heraus

*Hundepensionen*
Bundesverband der Hundeschulen und -pensionen Deutschlands e.V.
Geschäftsstelle:
Gregor van Eysden
Hof Pardick
49597 Rieste
Telefon: 0 54 64/52 46

### *Österreich*

Österreichischer Kynologenverband
Johann-Teufel-Gasse 8
A-1238 Wien
Telefon: 00 43/1/88 70 92
oder 88 80 93

*Schweiz*

Schweizerische Kynologische Gesellschaft
Postfach 82
CH-3001 Bern
Telefon: 00 41/31/3 01 58 19

# Literaturhinweise

## Spezialliteratur zu Neufundländer und Landseer

*Drury, Kitty/Linn, Bill:*
Newfoundlands, Neptune City NJ 1990

*Brönnecke, Karin:*
Das Neufundländer-Buch, Selbstverlag 1994

*Booth Chern, Margaret:*
The New Complete Newfoundland, New York 1985

*Heim, Albert:*
Der Neufundlandhund, Faksimile-Nachdruck, Hrsg. Schweizerischer Neufundländer- und Landseer-Klub 1993

*Ippen, Heinrich:*
Neufundländer, Köln 1978

*Matenaar, Christa:*
Deutscher Landseer Club (DLC) e.V. Zuchtbuch Nr. 1 1976–1981; Hrsg. DLC e.V. 1983

Zuchtbuch Nr. 2 1982–1988; Hrsg.: DLC e.V. 1989

*Maynard K. Drury:*
This is the Newfoundland, Neptun City, N J 1978

*Prof. V. Goerttler:*
Neufundländer, Jena 1974

*Trumler, Eberhard:*
Trumlers Ratgeber für den Hundefreund, München – Zürich 1993[3]

## Allgemeine Literatur zu Psyche, Verhalten und Erziehung

*Bloch, Günther:*
„Beziehungskiste“ Familie – Hund, Selbstverlag 1990

*Brunner, Ferdinand:*
Der unverstandene Hund, Melsungen 1988

*Feddersen-Petersen, Dorit:*
Hundepsychologie, Stuttgart 1989

*Feddersen-Petersen, Dorit:*
Hunde und ihre Menschen, Stuttgart 1992

*Fox, Michael:*
Partner Hund. So wird dein Hund zum Freund, Zürich – Stuttart – Wien 1994

*Kufner, Paul:*
Ausbildungspraxis in Wort und Bild, Selbstverlag, Deggendorf 1987

*Morris, Desmond:*
Dogwatching – Die Körpersprache des Hundes, München 1987

*Trumler, Eberhard:*
Der schwierige Hund, Mürlenbach 1986[2]

*Trumler, Eberhard:*
Mensch und Hund, Mürlenbach 1988

*Trumler, Eberhard:*
Mit dem Hund auf du, München 1991

*Trumler, Eberhard:*
Hunde ernst genommen, München 1992[2]

*Woodhouse, Barbara:*
Hunde-Erziehung leicht gemacht!
Zürich – Stuttgart – Wien 1989

## Spezialliteratur zur Hundeernährung

*Brehm, Helga:*
Gesunde Ernährung für Hunde,
Stuttgart 1993

*Meyer, Helmut:*
Ernährung des Hundes, Stuttgart 1990

## Spezialliteratur zu Hundekrankheiten und Erster Hilfe

*Ficus, Heinz-Jürgen/Loeffler, Klaus/Schneider-Haiss, Michael/Stur, Irene:*
Hüftgelenksdysplasie bei Hunden,
Stuttgart 1990

*Bell, Charles:*
Erste Hilfe für Hunde, München 1992

*Schneider, Anita und Wolfgang:*
Hundekrankheiten, Stuttgart 1987[3]

*Teichmann, Peter:*
ABC der Hundekrankheiten,
Augsburg 1994

*Wiesner, Ekkehard/Willer, Siegfried:*
Lexikon der Genetik der
Hundekrankheiten, Freiburg 1983

# Register

In derselben Reihe sind im FALKEN Verlag
u. a. bereits erschienen:
„Chihuahua“ (Nr. 1597)
„West Highland White Terrier“ (Nr. 1514)
„Ein neues Zuhause für Streuner und Tierheimhund“ (Nr. 1512)
„Mischlingshunde“ (Nr. 1511)

Die Deutsche Bibliothek –
CIP-Einheitsaufnahme

**Raitz, Monika:**
Neufundländer und Landseer :
Auswahl, Aufzucht, Erziehung, Pflege /
Monika Raitz. – Niedernhausen/Ts. :
FALKEN, 1995
ISBN 3-8068-1644-1

ISBN 3 8068 1644 1



**Umschlaggestaltung:** Peter Udo Pinzer
**Layout:** David Barclay, Neu-Anspach
**Redaktion:** Christel Fischer
**Titelbild:** Christine Steimer, Bad Vilbel
**Umschlagrückseite:** Reinhard-Tierfoto, Heiligkreuzsteinach-Eiterbach
**Fotos: Bildagentur IPO,** Linsengericht: 49, 51; alle anderen Fotos: **Christine Steimer,** Bad Vilbel
**Zeichnungen:** Gabriele Hampel, Kelkheim: 16, 18; alle anderen Zeichnungen: Katja Rosenberg, Wiesbaden

Die Ratschläge in diesem Buch sind von der Autorin und vom Verlag sorgfältig erwogen und geprüft, dennoch kann eine Garantie nicht übernommen werden. Eine Haftung der Autorin bzw. des Verlags und seiner Beauftragten für Personen-, Sach- und Vermögensschäden ist ausgeschlossen.

**Satz/Litho:** DM-SERVICE Mahncke & Pollmeier oHG, Rodgau
**Druck:** Druckhaus Cramer, Greven

817 2635 4453 6271